Is It Still Cheating If I Don't Get Caught?

學校沒有教的
33則品格練習題

沒被抓到也算作弊嗎？

布魯斯·韋恩斯坦 著
哈瑞特·羅素 插畫 /趙慧芬 譯

漫遊者

專文推薦

我們須培養一個正義的力量

／蔡炳坤（前臺北市建國高中校長）

「沒被抓到也算作弊嗎？」看到這有趣書名，相信多數人大都好奇地想知道：到底是算還是不算？

如果不算，那就證實了一個場景：小明哭著臉回家很難過地告訴爸爸，在學校考試作弊被老師抓到，要被記大過，爸爸很生氣地說，怎麼這麼差勁，作弊還會被抓到，想當年老爸讀書的時候……，頗有「當年勇」的氣魄。另外，也常聽到中、大學生大言不慚地高談「考試不作弊，明年當學弟」的論調……。

如果算，就讓我想起了一個寓言：柏拉圖的《理想國》在第二卷〈正義之源〉中，透過葛勞康口講述了一個饒富深刻意涵的寓言：在古希臘利迪亞城邦，有一個名叫賈吉斯的牧羊人，替國王看守羊群。有一天他無意間撿到了一枚戒指，順手戴在自己的手指上，他不經意地撥弄戒指底座，當他將底座向內撥時，他立刻變成了隱形人，當他再度撥弄戒指，把底座往外撥時，他又再度現身。有了如此神奇的發現後，他便混入宮，勾結了王后，合謀殺死國王，篡奪了王位。葛勞康認為道德規範是虛構的，因為只要不被發現或被逮到，人們只會照著對於自己有利的方向行事，沒有人會心甘情願去遵循那些規矩。當然，柏拉圖是持相反的立場，他旨在藉以表達道德應是客觀的存在，不該如葛勞康所言主觀的虛構，否則會使道德理想淪喪、社會秩序瓦解。換言之，我們須培養一個正義的力量，去除人性中貪婪沉淪的弱點。

走筆至此，親愛的讀者朋友們應該有了一些「自己」的想法了吧！您是贊同葛勞康？還是支持柏拉圖？是的，這的確是一個非常重要的道德命題。

《沒被抓到也算作弊嗎？》這本書的作者布魯斯韋恩斯坦博士（人稱道德

先生），提出了五個人生法則（不要傷害人、讓事情更好、尊重別人、要公平、要愛人）、三十三個生活中的道德難題（以邏輯清楚的Q&A方式呈現），前者深富哲理、淺顯易懂，讀來鏗鏘有力、發人省思；後者生活實例、道德澄清，讀來切身感受、幽默有趣。全書沒有的枯燥的教條或慣常的說教，也沒有預設的標準答案或八股的形式規範，讓讀者擁有思考的空間，真是令人如獲至寶、愛不釋手。

作者最後在結論中指出：你不會因為書名是「沒被抓到也算作弊嗎？」就期望我會在書裡告訴你答案吧？答案其實要問你自己。真是一語見地，「答案就在自己心中」，品格要內化才算具備、道德要深植才算擁有。如果您心裡認為道德規範只是虛構，只要不被發現或被逮到就沒事，那就誠如作者所說：我們之中很少人可以平安活到老。如果您心中體認道德應是客觀存在，我們須培養一個正義的力量，那就可以做到作者所說：過一個充實的人生，並且做一個你自己會感到驕傲的人。

讀過全書，我深受作者的啟發用心所感動、也深被作者的幽默用語所吸引，毫無疑問地，這是本值得為人師者、為人父母、所有青年學子一讀再讀、細心省思的最佳品格養成好書，是以，我極力予以推薦。

學校沒有教的
33則品格練習題

沒被抓到
也算作弊嗎？

給讀者的小叮嚀：
書中所提到的問題都是虛構的，
並不是取材自某個人的經驗。
另外，本書不能做為法律的依據，
或做為心理治療用途，
如果在這些方面有任何問題，
請尋求專家的協助。

contents

第六章　如何看待作弊的行為？

第七章　如何道歉與原諒他人？

第八章　如何當個盡責的工作者？

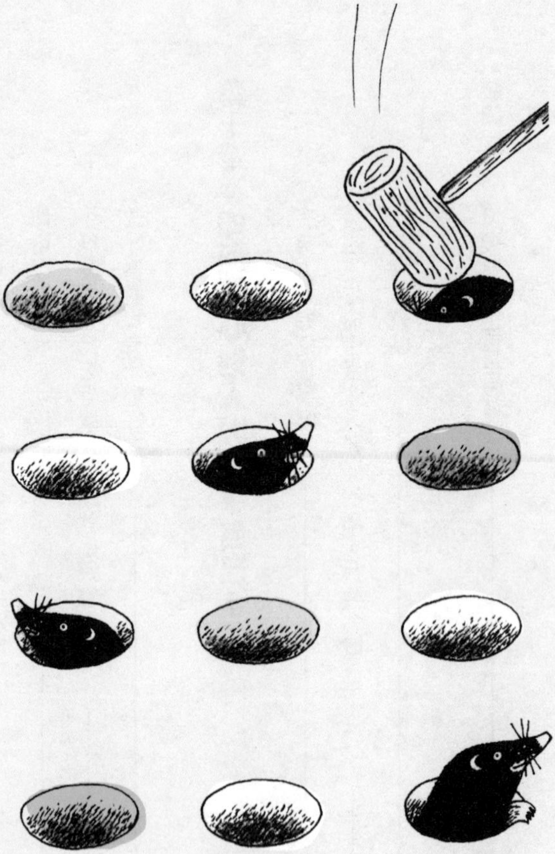

The Basics 1

序論1
人生就像打地鼠

你玩過打地鼠嗎？這個遊戲很簡單：遊戲機上有很多洞，地鼠從洞裡探出頭來，你拿槌子把它打回洞裡，然後又會有另一隻蹦出來，你再用槌子把它打回去，然後等另一隻再從另一個洞出現。在限定的時間內打到愈多的地鼠就愈厲害，如果在時間到之前全部的地鼠都打到了，那你就贏了。不過機率很低，這種遊戲當然不會讓你輕易過關。

人生有時候就像玩這種遊戲一樣，讓人全神貫注，但又無法預測。你會覺得自己應該要有辦法應付人生中的每一件事，但是問題總是說來就來，沒有規則可言。所以，如果你沒有一套策略來處理人生中的問題，只能見一個打一個，贏的機會很渺茫。

如果人生都沒有問題，是不是比較好？

那可不一定，如果這個世界上什麼問題都沒有，應該很無趣吧？畢竟，解決問題讓我們變得更好、更堅強、更快樂，問題會逼著我們用不同的角度看事情，激發出自己都不知道的潛能，甚至重新思考自己的人生要怎麼過。

很多很難解的問題都牽涉到該怎麼做才對，當你問自己「我該怎麼做？」時，其實你真正的問題是「怎麼做才**對**？」知道怎麼做才對並不是一件簡單的事情，有些時候即使你知道怎麼做才對，你也可能沒有勇氣真的去做。你可能不敢跟家人或朋友討論你遇到的問題；或是擔心做了你認為對的事會讓你顧人怨；或是你總是在煩惱別人會不喜歡你，不管你做什麼、沒做什麼。

人生不可能沒問題，想出一套策略來對付各種難題才是王道。解決問題的方法可能有很多種，不可能每一種都一樣好，玩遊戲也有比較好跟比較爛的玩法，你**可以**做什麼事並不代表你就**應該**做。

往下讀你會學到五個萬用的準則，無論何時何地，當你遇到問題問自己

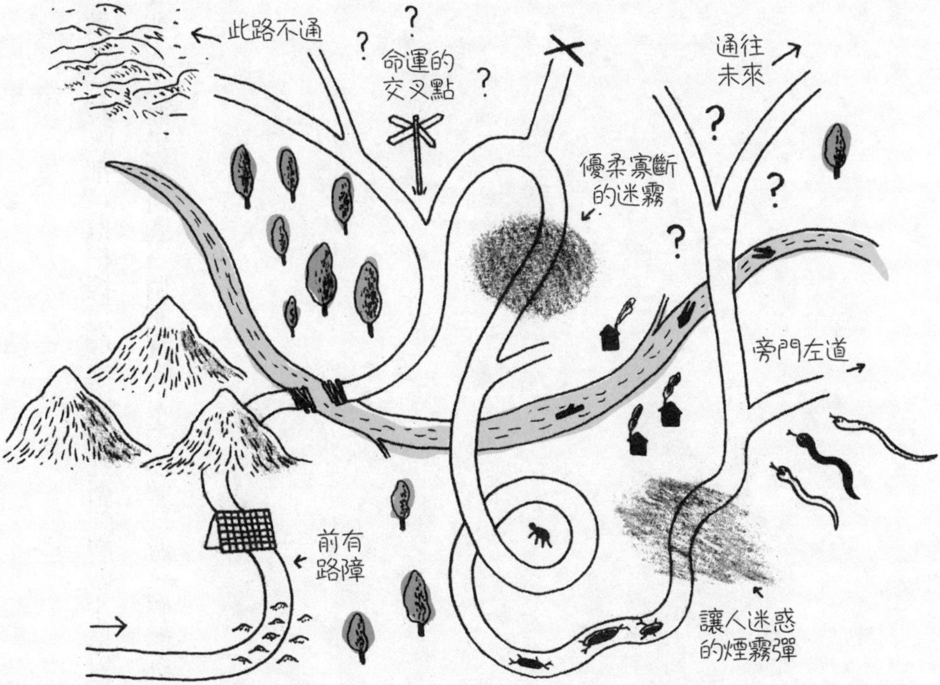

人生的遊戲場上處處隱藏難關

「我該怎麼做？」時，都可以根據這些準則來判斷怎麼做才是對的。重點不是讓你變成聖人，而是如何過一個充實的人生，並且做一個你自己會感到驕傲的人。

The Basics 2

序論2　道德：做對的事情的藝術

道德是一門做對的事情的學問與實踐，道德為我們解答人生中兩個最基本又最重要的問題：

一、我該怎麼做？

二、為什麼我應該這樣做？

道德（Ethics）與倫理（Morality）常常被當作兩個不同的觀念，事實上，這兩個字的歷史是密不可分的。羅馬的學者與政治家西塞羅（Cicero）創造出Moralis這個字（也就是Morality的字根），用

來翻譯希臘文Ethikos（Ethics這個字的來源）。這兩個字——道德和倫理——都是指做對的事情，是互通的。（按編）

道德的中心旨意很簡單：對於我們所說和所做的每一件事，都必須考慮到我們的行為可能會如何影響到別人。但是，如果把道德解釋成**只是**關心我們應該如何對待別人，這是錯的，畢竟你的權益和你的人生也很重要。道德是在幫助他人和照顧自己之間找到平衡，太在乎他人只會把自己搾乾，太在乎自己，對，就叫做自私。著名的詩人約翰·多恩（John Donne）曾寫過「沒有人是一座孤島」，人跟人之間互

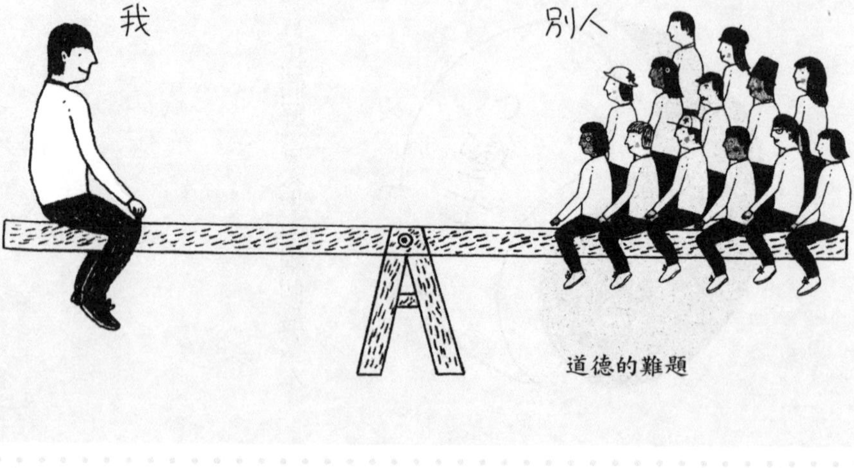

道德的難題

相幫助不只是為了生存，更是要盡可能成為最好的人。

你想得到的組織與團體幾乎都會有道德規範，也就是一串的規則跟準則，用來規範什麼是適當的行為。醫生、律師、老師和記者這幾種工作都有各自的道德規範，告訴他們什麼可以做、什麼不可以做，以及為什麼。事實上，如果你去看看各行各業的道德規範，你會發現一些顯著的共通點：「說實話」、「說話算話」、「不能洩密」。

但是，不管是新聞上看到的，還是我們自己的經驗，這些最經典的道德規範並不是很管用，有太多人都是根據下面的規則在做事：

一、說話算話——如果有賞的話。
二、說實話——如果說謊沒有比較簡單。
三、不傷害別人，但是如果損人可以利己就沒關係。
四、能坐著就不要站著。
五、沒事不要找事做。

六、不爽就要發洩出來。

七、不要道歉、不要流露出同情心，也不要原諒別人，這些都是弱者的表現。

八、不要洩密，但是如果可以獲得好處就沒關係。

九、用金錢或靠關係來達到目的或逃避處罰。

十、面對任何情況都要問自己「怎麼做對自己最有利？」

如果大家都遵守這些規則，我們之中很少人可以平安活到老。想想看：如果任由霸凌在學校為所欲為，你和你的朋友將生活在恐懼當中，每天都害怕被打；如果你的父母可以隨便說謊，你將無法信任他們，無法相信他們說的任何事情；如果老師不是依照你上課的表現來打分數，而是根據你送的禮物，那收買老師就可以獲得高分了。短期間之內，有些人可能可以靠這些不當的手段獲得好處，但是到最後，大家都是輸家。

道德不只是對的事，還是唯一可以讓我們過得好的方法。

道德的誤解

大家對於道德有很多誤解，在你認識基本的道德準則之前，我們先來解決這些誤解。

誤解一：只要是合法的就是對的，只要是不合法的就是錯的

一九五五年在美國阿拉巴馬州的蒙哥馬利市，有一名叫羅莎・帕克斯（Rosa Parks）的黑人婦女，她因為拒絕在公車上讓位給白人，所以觸犯了法律。她的行為不合法，但卻是對的，因為一個善良的社會不應該根據種族（或性別、或宗教，或任何人身或價值觀相關的因素）來決定大眾運輸工具上的座位。沒錯，法律在維持和平及避免衝突上扮演很重要的角色，但並不是決定我們什麼可以做、什麼不能做的唯一根據。對於任何法律，我們都可以、也應該問「這對嗎？這公平嗎？這合理嗎？」好的法律是根據倫理與道德而訂，不好的法律是根據……嗯，一些其他的東西訂出來的。我們不只有

遵守錯誤的規範

權力不遵守不公平不合理的法律，有些人甚至還認為，我們有**義務**不遵守。（當然囉，前提是我們願意面對違法的後果，以羅莎・帕克斯的例子來說，後果就是被抓去關。）

再來，請想想：沒有法律規定你必須遵守你對朋友的承諾，但是你應該會同意守信才是對的吧？法律沒有規定不能做的事，不代表就是你可以做的事。

誤解二：大家都做的事就是對的事

假設你去參加一個派對，然後你走進一個房間，裡面每個人都在吸毒，聽著很酷的音樂，笑得很開心，其中一個人要你加入，當你在決定要不要的時候，心裡可能會想著「既然每個人都在做，應該沒問題吧？」只是，大家都做的事或很喜歡的事，並不是一個好理由讓你也跟著做。堅強的道德感就像你的人生指南針一樣，永遠指著對的方向，不會受到周圍的人說什麼或做什麼的影響。

誤解三：你覺得是對的就是對的

有些人認為「道德沒有標準答案，而是一種看法，如果你覺得某件事對你來說是對的，那它就是對的。」這種說法是不對的，想像一下，你發現你的男朋友或女朋友劈腿，他的理由是「因為我想要劈腿。」或者，你的數學考九十五分，但是老師只給你C，原因是「我想要給你C。」在這兩種情況中，你都受到不公平的對待。道德標準是不會因為你在當下的感覺，或是怎麼樣比較有利，或是其他人為自己的行為找的藉口而改變。在任何情況下，你都可以根據道德標準來決定什麼是對的。

編按：雖然在廣義上，作者說明Morality（道德）與Ethics（倫理）的意義是互通的，但在本書行文中，作者幾乎都是使用Ethics一詞，中文本應翻譯為倫理或是倫理學。但是，考慮到一般人用中文理解「道德」與「倫理」這兩個詞的習慣，本書將視文氣與意義，將Ethics翻譯成道德或倫理，特此說明。

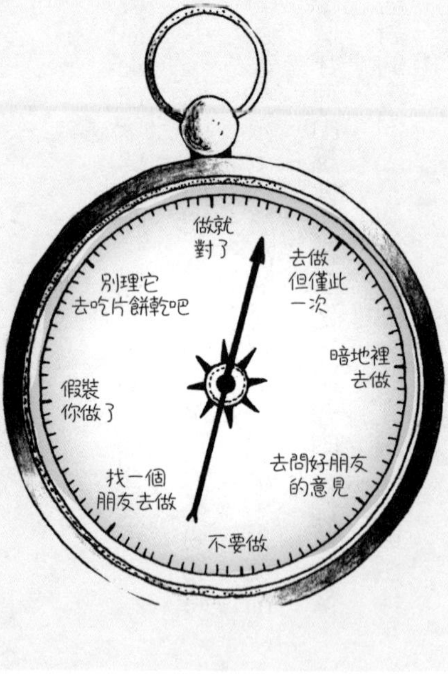

The Basics 3

序論3
五個人生準則

生活中充滿了各種選擇，有些還真的很難抉擇。朋友告訴你要這樣做，父母和老師又要你那樣做，真是左右為難。每個人都是出於好意，但是你要如何判斷怎樣做才對？

有沒有一本祕笈可以告訴你所有難題的解答？當然沒有。一個問題的解答可能有千萬種，如果真有這種祕笈，大概是一本比天還高的天書。既然沒辦法背下所有的解答，最好的方法就是找到一套道德準則，做為解決各種難題的根據。

準則基本上可以應付各種不同的狀況，**道德準則**可以幫助你判斷怎麼做才對，這些準則就像人生的導師，所以我叫他們「人生準則」：

一、不要傷害人

二、讓事情更好

三、尊重別人

四、要公平

五、要愛人

很耳熟吧，你的父母跟老師應該早就跟你講過這些了，如果你有宗教信仰，做禮拜時應該都會聽過，慈善機構也都不斷在宣揚這些準則。這五個人生準則很簡單，而且你早就知道了，只是在日常生活中，我們經常忘記或忽略這些重要的準則，而去在意那些並不那麼重要的事。

為什麼在生活中實踐這些準則那麼難呢？我們常常被害怕、憤怒或其他負面的情緒給左右，而沒有辦法真正做自己。例如，你一定知道「不要傷害人」，但是，如果同學讓你難堪，你是不是也很想讓他難看？

有時候情緒的確會影響到行為，但是被情緒主宰並不是一件明智的事，我們應該相信自己有能力判斷怎麼做才是最好的，這時候人生準則就派上用場了。

人生準則是我們的人生基礎

這五個人生準則——避免造成傷害、讓事情更好、尊重別人、要公平、要愛人——在任何情況下，都可以幫助我們做出對的決定。就像房子需要好的地基才能穩固一樣，你也需要堅強的基礎才能成為很棒的人。你的基礎來自於這些準則，引導你如何做決定，以及如何過你的人生，說得更簡單一點，你的所做所為決定了你是一個什麼樣的人。

回想一下上一次你遇到難題的時候，當你在想怎麼做才對，而且真正採取行動時，有哪些事情讓你沒有辦法做出正確的決定？大概是這些吧：

- 太生氣了，頭腦一片混亂無法思考。

- 如果做了你應該做的事，有人會因此不高興。
- 問了很多人，每個人給的建議都不同。
- 規則訂的（或沒有訂的）跟你認為是對的不一樣。
- 不了解問題的全貌，沒辦法做決定。
- 資訊太多了，很難決定什麼重要、什麼不重要。

這些都可能會妨礙你做出好的決定，並且真的去做。其實，這些都可以克服，人生準則可以引導你解決各種難題；這些準則可以成為你做出正確決定的利器，幫助你成為你心目中最棒的人。

人生準則一：不要傷害人

最基本的人生準則就是「不要傷害人」，也就是說，我們至少必須做到不傷害任何人。

「不要傷害人」在醫療界是很普遍的準則，醫生必須信守「不能傷害身體」的準則。生病或需要檢查時，我們會去看醫生（包括護士、牙醫、藥劑士等各種醫療人員），希望他們治好病痛，讓身體更健康，但絕對不會希望看醫生後反而變得更糟。

事實上，每個人都應該做到「不要傷害人」。如果每個人都可以任意傷害別人，而且不需要受到懲罰，世界將會陷入一片混亂。

大部份的人都知道不能傷害別人的身體，但是很多人並沒有想到精神上的傷害也是一種傷害。有句俚語說「棍棒可以打斷我的身體，人言卻無法傷害我的自尊」。對於你來說可能是這樣，但是我們不能假設大家都跟你一樣，人言可以讓人痛苦、造成傷害，留下無法抹滅的傷疤，跟肉體上的傷害一樣。所以，不去做或是不去說會傷害人的話，就是做到「不要傷害人」。

這個準則同時也適用在自己身上。傷害自己跟傷害別人都是不對的，當你沒有好好對待自己，就是傷害自己，而你當然值得得到更好的對待。

在大部份的情況下，不傷害人就是避免做出或說出可能會傷害人的事，但

人言可畏

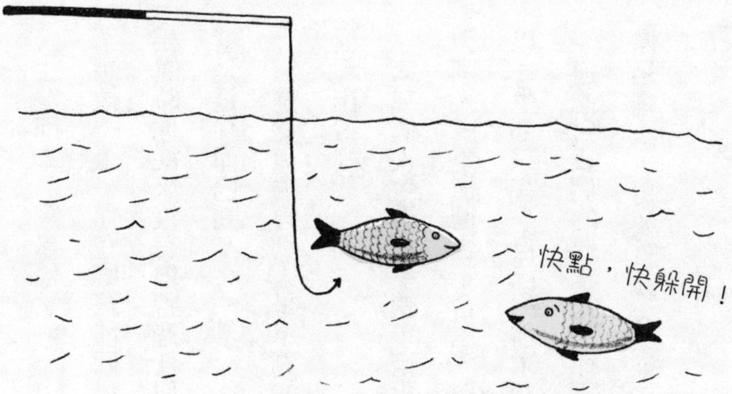

採取行動，避免有人受到傷害

是有些時候，我們還必須採取進一步的行動，避免別人受到傷害。例如，看到朋友快要踩到地上的碎玻璃，你會很自然地要他小心別踩到。你的朋友沒有看到可能的危險，而你看到了，你的反應就是避免朋友受到傷害。

在某些情況下，傷害無法避免，這時候我們要盡可能把傷害降到最低，例如，在你決定要跟男友或女友分手時，把你不喜歡他的原因一件件講出來，甚至是他無法改變的部份，只會造成不必要的傷害，比較好的做法是，只提到足以讓對方了解你希望結束這段感情的程度就夠了。

人生準則二：讓事情更好

想像一下，你在臨終前回顧這一生做過的事，如果最值得一提的是在與人相處時你從來沒有傷害過任何人，你覺得這樣的人生夠好嗎？你生命的意義就是這樣而已嗎？

只是避免傷害別人是不夠的，道德的人生還包括**幫助**別人，讓別人和自己展現出最好的一面。

第二個人生準則「讓事情更好」是道德與法律的分水嶺。意思是，故意傷害別人既不道德也不合法，但是法律並沒有規定我們要讓事情更好，我們可以一生都只在乎自己的需求和欲望，這一點都不犯法。

道德對我們的要求比法律更高，道德希望——有時候是要求——我們不僅僅是守法，更要實踐人生準則二，幫助別人、讓世界變得更美好、善待自己。

你也會發現，當人生準則二深植你心時，你會變成一個更好的人。那是因為幫助別人（不管是多麼微不足道），都會讓你變得更迷人。想想看：別人為什麼喜歡你？是因為你的衣服很好看、髮型很酷，還是因為你有最新的電子玩意？絕對不是如此。別人喜歡你的原因通常跟你的外表，或你擁有的東西沒有多大關係，而是你給別人的感覺，如果別人喜歡跟你在一起時的感覺，他們就喜歡你。其中一種方式是為他們帶來正面的東西或幫助他們，不管是擔任小老師幫助同學的功課、記得爸媽的生日，或者只是傾聽朋友的煩惱，當你讓別人的生活更美好，也同時讓自己的生活更美好。

人生準則三：尊重別人

常有人跟你提到**尊重**，告訴你要尊師重道、要尊重私人的財產，還要尊重自己，這到底是什麼意思呢？基本上，就是用別人希望的方式對待他們。如果別人能夠先表明他希望的方式是什麼，那是最好不過。通常人們有特別的信仰或喜好，並且希望你能夠尊重時，他們會先告訴你，像是宗教（例如週日要做禮拜不能工作）、生活方式（例如吃素），或是個人品味（例如喜歡的披薩口味）。

但是，你不一定能夠知道一個人所有的喜好。大部份的人都期望別人可以自動做到：

一、**不要廣播私人的事**

有人告訴你一件事，並且說「不要告訴別人」，你遵守這個要求就是尊重那個人。如果你考試考得不好，你會希望老師不要告訴別人，除了你的父母以外。每個人都有隱私權，也都應該尊重別人的隱私權。

當然，有些情況下，因為其他正當的理由，你不能幫別人保守祕密。如果朋友告訴你「我要自殺，你不可以告訴別人」，你不只有權拒絕這個要求，在道德上，你還有義務告訴別人。

為什麼？因為人生準則一「不要傷害人」還包括，在能力範圍內，我們必須防止別人受到傷害。在我們努力實踐人生準則的同時，也必須清楚哪件事比較重要。在上面那個例子中，

不要讓貓跑出袋子——不要洩密

防止你的朋友受到傷害比保守祕密更重要，因為保住朋友的性命比照他的話去做重要。不過在大部份的情況下，我們應該都能夠在遇到問題時運用所有的人生準則，而不會有衝突。

二、說實話

說實話是另一種尊重的表現。如果你的媽媽問你考試考得怎麼樣，你的成績是C+，但是你卻告訴她是B，這就是不尊重她。

說謊同時也是不尊重自己，因為說謊會傷害你的信用。

這代表你永遠都必須實話實說、全盤托出？如果你是在法院做證，答案是肯定的。但是，當你不在法院時，困難的是在於如何做到誠實，但是又不會傷害到別人。有個好朋友問你她的新衣服看起來如何，你覺得實在不好看，但是如果你回答「我沒有看過這麼醜的衣服，穿出去會被人家笑死」那就大錯特錯了，這麼說一定會讓你朋友很難過，違反了人生準則一。

就算你相信你的朋友是真的想要知道你的看法，比較好的做法是跟她說你比較喜歡什麼（例如「妳穿亮色系比較好看」），接著再用比較不傷人的方式說出你真正的看法（「如果妳真的想知道，我覺得妳穿條紋的衣服不是很好看」）。用溫和的方法說出實話不只是尊重你的朋友，還可以幫助她下次逛街時挑對衣服，而且不會傷害到她的自尊。

三、**說話算話**

說話算話也是表現你對別人的尊重。你可能有過這樣的經驗，朋友約你見面，但總是在最後一分鐘取消，一次又一次，這會讓你覺得這個朋友很不在意你、不尊重

你吧？當你年紀還輕，很多人都有權決定你的時間該如何分配時，說話算話有時候是很難做到的人生準則，但是仔細想想，這也是表達其他人對你有多重要最好的方式之一，同時你也應該相信那些告訴你他們很在乎你的人。

人生準則四：要公平

在一個都是選擇題的考試，你跟一個朋友寫的答案全都答對，你得到C，但是你的朋友得到A，你會怎麼說？我猜你會說「不公平！」

假設你參加一個英文拼字比賽，你被問到「反對解散國教主義」（antidisestabestablishmentarianism）怎麼拼，你拼錯了，然後被淘汰，下一個參賽者的題目是「蟲子」（bug）怎麼拼，這也不公平，對吧？

對人不公平不是無禮，是不道德。

在日常生活中，我們至少有三種方式可以實踐人生準則四「要公平」，他們的共通點是——給別人和自己應得的。

一、聰明地分配珍貴資源

你可能覺得你哪有權力分配什麼資源，更別提珍貴的資源，但再想想，其實你掌握了生活中最珍貴的資源之一：時間。有時候你會不會覺得，扣掉花在學校、功課、社團、朋友和一些雜務的時間之後，你已經沒剩多少時間去做其他你該做的事了？時間是你最有價值的資源，如果你都花在別人身上，一點都沒留給自己，這是對自己不公平。好好管理時間不只是件聰明的事，更是一種公平。

二、適當的處罰

假設有兩個同學作弊被抓到，A同學的處罰是明年必須重修，B同學因為是明星運動員，只被記了一個警告，這是不公平的，因為一個人得到什麼樣的處罰，不應該因為他的特殊技能和才華而不同，偏心是不公平的。亞里斯多德的方法是最好的：同樣的情況獲得同等的待遇，不同的情況就獲得不同的待遇。

三、**把不公平的事變公平**

想像一下你剛當選學校社會服務社的社長，以前，大家參加這個社團都是為了一年一度的滑雪冬令營，並不需要去做這個社團真正應該做的事：服務社會。身為社長，你有正當理由認為這是不對的，所以你規定，沒有參與社會服務的人，就不能參加冬令營。這個了不起的舉動確保只有有貢獻的人才能享有參加冬令營的權益，就是人生準則四第三點最好的實踐。（把不公平的事變公平，也是人生準則二「讓事情變得更好」。）

人生準則五：要愛人

人生如果沒有愛、仁慈或同理心會變成什麼樣？大概是冷酷、無情和空洞。第五個，也是最後一個人生準則，引導我們關心別人和自己。這可能是

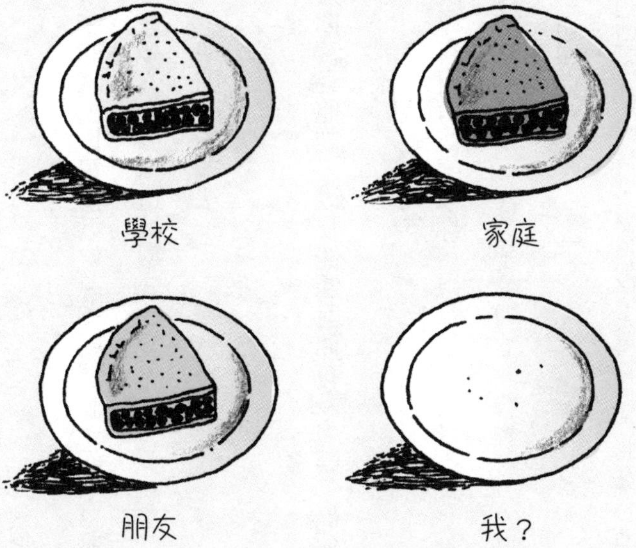

記得留時間給自己

最難的一個，但也是回報最豐富的一個，不僅是對於你關心的人，也包括你自己。

愛在人生準則五當中的意思比較接近仁慈和同理心，而不是愛情，我們可以、也應該盡可能與愈多的人分享這種型式的愛。

下面是幾種實踐人生準則五的方法：

一、告訴別人你關心他們，以及他們對你有多重要，你很高興生命中有他們。

二、問你的父母有沒有什麼事你可以幫忙，而且不求獎賞。

三、接受別人的幫忙時，不管是多小的忙，看著對方的眼睛，誠摯地跟他說「謝謝你」。

四、在商店的櫃台結帳時，對服務人員微笑並真心地問他「你好嗎？」

五、寄電子卡片、電子郵件、小卡片給一個對你來說很特別的人，給他一個小小的問候「你最近好嗎？」

六、下次跟別人談話時，多聽少講，不批判、真誠地聆聽，適時問問題，讓對方知道你在聽。

七、對新同學友善。

你的一個小小舉動就能讓別人的生活大大不同，做到上面提到的任何一件事都會讓對方，還有自己，一整天都心情愉快。

我們已經聊完人生準則，還有為什麼這些準則這麼重要，現在，我們來談談如何實際應用在你的生活中。接下來我會用問與答的方式來描述各種你可能會遇到的難題，以及如何運用人生準則度過難關。

在每一種情況之後，會有一個複選的小測驗，有些題目你也許會認同其中一些選項，有些你可能覺得以上皆非，不管你的答案是什麼，問問自己為什麼這麼認為，你也可以問問朋友或家人，他們的答案也許出乎你的意料。

我希望你挑戰書中提到的論點，不要只是因為我是大家口中的「道德先生」就贊同我，如果你認為我對問題的分析是正確的，請確定那是因為我提出有力的辯證，而不是因為我是作者。我希望你能夠把這些準則變成你自己的準則，並學習在生活中實踐。道德教育——事實上，所有的教育都一樣，應該是教你**如何**思考，不是該思考**什麼**。

拒絕抽大麻會被排擠嘲笑
我該試試看嗎？

誰會在意下載音樂
是不是非法的？

她說了對不起
我就應該原諒她嗎？

我應該為愛付出一切嗎？

可以用電子郵件分手嗎？

別人作弊
為什麼變成
我的問題？

什麼時候需要道歉？

誠實就是毫無保留嗎？

什麼情況下
可以食言？

我應該告訴我的朋友
別人是怎麼說她的嗎？

Bringing the Principles to Life

生活中的
三十三個道德難題

買盜版DVD
有那麼嚴重嗎？

1

如何誠實對待朋友？

友誼帶來快樂，有時候也帶來挑戰，像是如何盡到朋友的義務，但是又不會犧牲自己。在你不確定如何處理跟朋友相關的難題時，讓人生準則來幫助你。

Trash Talk, Promises, and Cookies That, um, Don't Taste So Good

Q

我應該告訴我的朋友，別人是怎麼說她的嗎？

小麗是我最好的朋友，她在學校很受歡迎，因此很多女生都很嫉妒她。我聽到那些女生說小麗的閒話，而且到處散播關於小麗的謠言跟八卦。身為小麗的好朋友，我沒有加入她們，有時候也會試著要她們不要再說小麗的壞話，但是，我應該告訴小麗那些女生在她背後說了些什麼嗎？

What Do You Think?

你會怎麼做？

- 小麗應該要知道那些人是怎麼說她的，因為如果換成是我，我也會想知道別人怎麼說我，所以我應該告訴小麗。
- 那些女生太超過了，我應該要告訴她們，不能在小麗面前說的話，就不應該在她背後說。
- 那些女生應該要受到教訓，我要在網路上公布她們的惡行，讓她們付出代價，因為小麗是我最好的朋友。

A

那些女生說小麗的壞話是出於嫉妒，跟小麗本人一點關係都沒有。我能夠了解為什麼你會覺得應該要告訴小麗，人生準則一「不要傷害人」有時候是要我們避免別人受到傷害，面對這種情況，你應該做的是在你聽到那些言論攻擊時，挺身而出，告訴她們這是不對的，然後就不再理

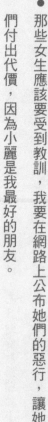

會。讓我們來看看為什麼。

首先，很多人做了或說了不對的事卻沒有事，是因為沒有人出面制止，雖然「沉默是金」，即使你沒有主動

加入其他女生一起八卦，但是保持沉默、不制止她們是在告訴她們，你覺得沒關係，但是事實不是這樣的，所以你應該要讓她們明白才對。

再來，小麗不會想要知道有人在說她壞話，所以告訴她相當於不尊重她（人生準則三）；她聽到那些八卦會很難過，這樣不就違反了人生準則一「不要傷害人」。當然，如果小麗告訴你，她要知道所有人在背後是怎麼說她，那就另當別論，但是大部份有自尊的人，都不會有興趣知道那種沒意義的八卦。

所以，你該怎麼辦？在網路上回嗆，或散播惡意的言論，只會讓事情更糟，而且違反了人生準則一。你可能會本能地想要直接反擊，但是其實你還有更成熟的做法，像是「小麗是我的朋友，我希望你們不要再繼續說她壞話。」這樣不僅是維護你的朋友，而且沒有讓事情變得更糟。用這種方式處理表示你是個正直的人，你應該要覺得你做得很好。

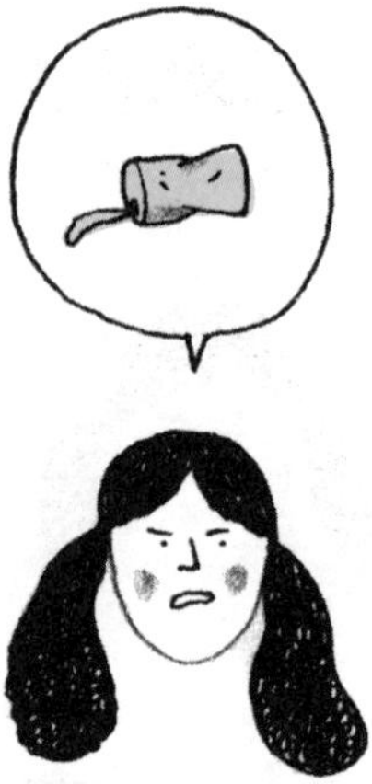

Q

誠實就是毫無保留嗎？

我的朋友娜娜做了一些餅乾送給我，我吃了一個，真的很難吃，她問我「你覺得怎麼樣？」我不想讓她難過，但是她想要知道我真正的想法，我也應該要告訴她實話，對吧？所以我說「嗯……我覺得很難吃。」

娜娜氣死了，她說「真是太謝謝你了！我對你這麼好，你竟然這樣對我。」

我不想失去這個朋友，所以我應該說謊，告訴她餅乾很好吃嗎？

What Do You Think?

你會怎麼做？

- 有時候說謊比說實話好。
- 即使被要求說實話，還是要修飾一下比較好。
- 我必須告訴她實話，這樣她才能進步。

A

如果兩個好朋友就這麼絕交了，真的會讓人很沮喪，但是為了維持友誼就可以說謊嗎？

人生準則三「尊重別人」要我們誠實，重點是當娜娜問你「你覺得怎麼樣？」時，她的意思應該是「你覺得餅乾怎麼樣？」但是，她的意思也可能是「你覺得我在家裡做了這些餅乾，然後帶來給你吃怎麼樣？」按常理判斷，應該是後者。

回想一下，大部份的人問你意見時，其實是要獲得你的認同，希望這貼心的小舉動可以得到你的讚賞，你能怪他們嗎？雖然為善不欲人知比較高尚，但是大部份的人都還是希望別人可以感謝我們的好意，而且這沒有什麼不對。直接跟你的朋友說餅乾很難吃是很誠實沒錯，但是你並沒有抓到問題的重點。

在這種情況下，依照人生準則三，你可以回答「你對我真是太好了，還特地做了餅乾來，謝謝！」聽你這樣說，你的朋友應該會很開心，然後應該就不會再往下問了。

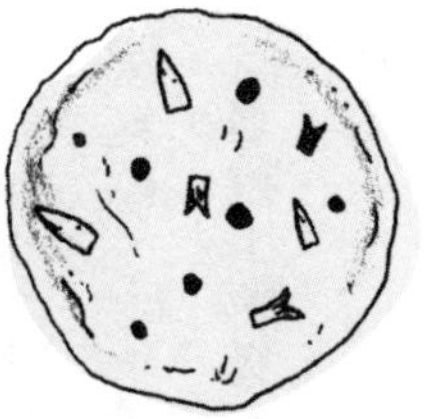
巧克力碎片沙丁魚

如果，你的朋友比較特別，繼續問「不客氣，快跟我說**到底**怎麼樣。」這時候才應該跟她說餅乾到底怎麼樣。

再來，誠實應該就是毫無保留地直言嗎？並不是。除了人生準則三要我們誠實，不要忘了還有人生準則一「不要傷害人」。我們所說的話也可以傷害人，跟你的朋友說「難吃」是誠實沒錯，但是也很傷人。

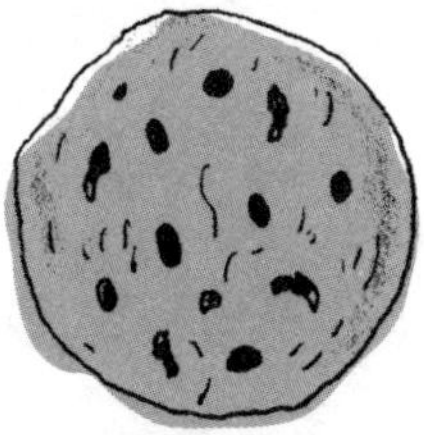
葡萄乾菠菜

如果朋友想要知道你不喜歡他們什麼，有技巧的回答可以幫助她下次做出好吃的餅乾。也許是她烤太焦了，或是糖放太少，不管是什麼原因，記得把重點放在問題本身，明確但是不傷人地講出你為什麼不喜歡。你既可以忠於自我，也不會傷害到你們的友誼。遇到這種情況時，謹慎選擇我們的用字遣詞，就是做到人生準則五「要愛人」。

你可能會想「如果不要傷害到她的感覺這麼重要的話，就假裝說餅乾很好吃不是比較好嗎？」不是的，這樣是犧牲人生準則三來成全人生準則一，你可以說「對不起，可是我不是那麼喜歡。」或是其他既能表達你真正的看法，但是又不會傷害到她的說法，試著找出誠實（人生準則三），但又能避免傷害到朋友（人生準則一）的方法。

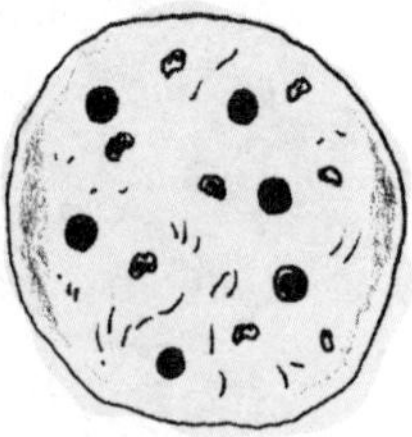

核桃臘腸

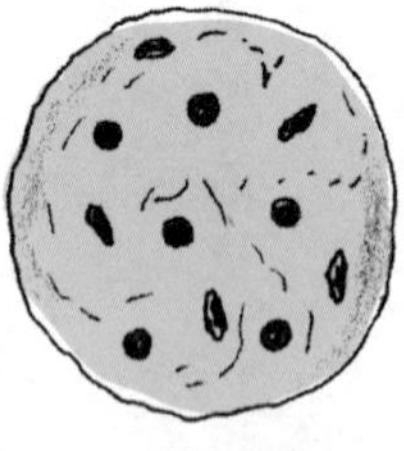

櫻桃鵝肝

了解類似「你覺得怎麼樣？」這種問題背後真正的涵意，在人生準則的引導之下，你可以展現出最好的一面，是一個好朋友，也是一個好人。

巧克力碎片好好吃喔，
下次試試看
不要放沙丁魚怎麼樣？

說話得體

Q

什麼情況下可以食言？

幾個禮拜前，我答應把我的MP3給小可，因為媽媽說會送我一台新的當生日禮物，但是，昨天晚上媽媽又說，她話說太快了，爸爸說我們沒有這筆預算。現在我如果把MP3給我的朋友，自己就沒有了，我不想食言，但是我也不能沒有音樂！而且，媽媽先對我食言，那我也可以食言吧？媽媽不是故意的，我也不是啊。我該怎麼辦呢？

What Do You Think?

你會怎麼做？

- 我可以告訴小可我的MP3壞掉了，然後以後都要很小心，不可以讓他看到我的MP3。
- 我就假裝忘記答應他的事了，希望他也忘記了。
- 我會告訴他，我不會獲得新的MP3了，然後問他，他還是要我現在這台嗎？如果他覺得這樣我會很難過，也許他就不會要我遵守諾言了。
- 我還是會把MP3給他，因為我已經答應他了，然後再想辦法賺錢買一台新的。

A

你這個問題真的很難，感覺上好像你出於一片好意，到頭來卻要受到懲罰一樣，或是被迫在當一個有信用的朋友和你最愛的MP3之間二選一。我們來看看能不能找到兩全其美的辦法，那是最完美的結局，對吧？

人生準則三「尊重別人」的其中一點是要說話算話，意思是不管怎麼樣都要說話算話嗎？在這裡我要很謹慎地說「不一定」。舉例來說，你準備開誠布公地跟小可解釋發生了什麼事，你可以說「我答應要把我的MP3給你，因為那個時候我以為我會獲得一台新的，結果沒有，所以我想要留下我的MP3，你覺得可以嗎？」身為你的好朋友，他可能會說「當然可以。」好朋友應該可以理解。在這個例子當中，你不需要遵守諾言，因為對方幫你解套了。

但是，如果小可不曉得為什麼回答說「嘿，你答應過我的，所以不管怎麼樣你還是要把MP3給我！」如果這時候你想要反悔，別人會覺得你是個沒信用的人，因為你說話不算話，不只是你的朋友會看不起你（雖然他這樣逼你不能算是好朋友），你也會看不起自己。良心是我們最後的防線，如果我們開始信口開河，為了方便行事隨便承諾別人，那也就連良心都沒有了。

底限：跟你的朋友坦白解釋清楚是最好的方法，這樣是對他也是對你自己忠誠。如果，他跟你以為的不一樣，不會設身處地為人著想，你雖然會失去你的MP3，但是你遵守了你的承諾，是一個值得敬佩的人，長遠來看，這比MP3有價值多了。

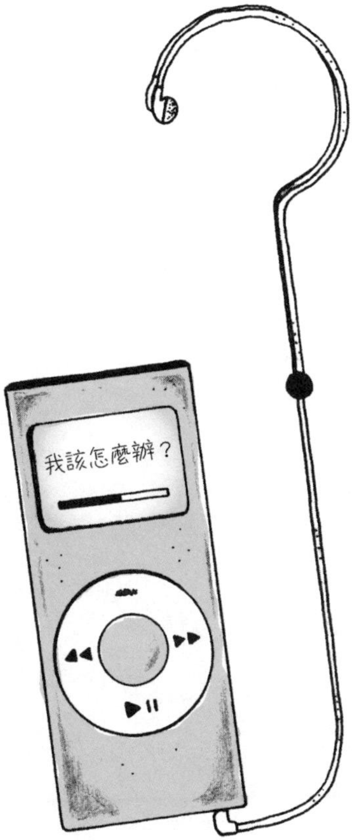

2

如何培養運動家精神？

運動可以激發出熱情，但是，那種血脈賁張的情緒、想要成為第一名的欲望，有時候會引發不當、甚至錯誤的行為。人生準則對於運動員使用類固醇，每個人應該都有上場的機會，以及場邊熱情過度的父母有什麼看法呢？

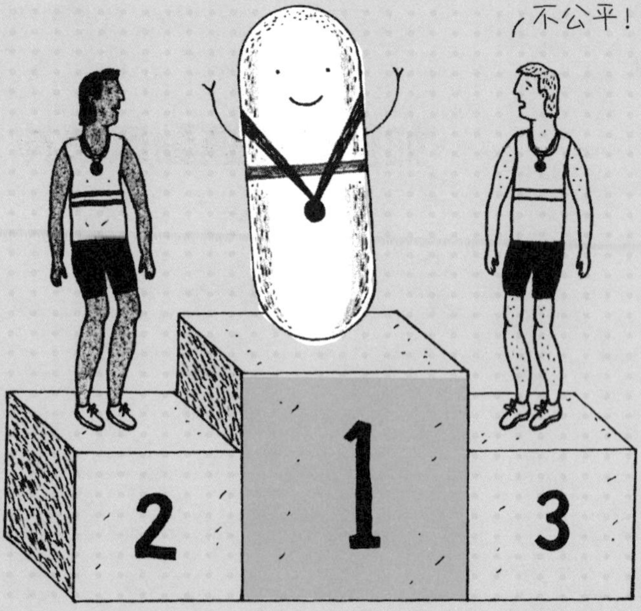

Winning On and Off the Field

Q 為了贏可以不擇手段嗎？

我是棒球校隊，很多隊友都吃類固醇來變強壯，我很確定教練也知道，但是他從來沒有說什麼，也許是因為我們贏得分區冠軍。最近的新聞也常常提到禁藥的問題，但是，我不是很清楚這為什麼不對？我認識的人都沒有那些大家在說的問題，我覺得這整件事只是媒體在炒作新聞，為什麼大家這麼反對呢？

What Do You Think?

你會怎麼做？

- 使用類固醇是不對的，它對身體所造成的傷害不值得你這樣做。
- 要變成頂尖的運動員，這是必須付出的代價。
- 如果隊友跟對手都在吃藥，只有我沒有，我想退出球隊。

A

類固醇的使用在體育界一直有很大的爭議，而且不限於棒球、足球或舉重，我們不知道是不是現在的運動員真的比較嚴重，或只是媒體報導比較多，但無論如何，對於提升體能的各種產品的疑問，突顯了一個問題：在運動場上的競技代表的究竟是什麼？

運動員使用類固醇會造成什麼傷害？根據美國國家醫藥研究中心（National Drug Intelligence Center），這些藥會改變免疫系統，讓身體無法正常防衛疾病，傷害骨頭，容易骨折，永久性地改變聲音，甚至可能會影響生殖器官，也可能導致肝臟和腎臟腫瘤、高血壓、嚴重的青春痘、情緒嚴重不穩（包括躁症引發的暴力傾向，俗稱類固醇狂躁症）、憂鬱、強烈的嫉妒心、非常易怒……太多了，無論從哪方面來看，類固醇對人體會造成傷害是不容否認的。

類固醇可以讓人變強壯，感覺上很符合人生準則二「讓事情更好」，但這是不對的。因為利用這種方式變強壯在道德上是有爭議的。類固醇的害處比好處多，而且不只傷害了運動員的身體，同時也傷害了比賽，

類固醇讓對手要贏得比賽變得更加困難，這是傷害同場競技的人。例如，服用類固醇的職棒球員可以把球打得更遠、更紮實，因此更有機會得分，這樣讓比賽變成了只是在測試這些藥創造出來的力量，而不是展現結合自然的力量、智慧和團隊合作的競技場，對比賽是一種傷害。類固醇也傷害了球迷，他們買票進場是要看一場公平的比賽，結果看到的卻是一場造假的騙局。類固醇完全違反了人生準則一要我們不要造成傷害，以及人生準則三告

訴我們要尊重別人、要誠實（還有其他的責任）。

這個問題也危及人生準則四「要公平」。因為並不是每個人都使用類固醇（先不管這個問題到底有多普遍），吃藥的人變得比對手更強壯、更有續航力，這樣的成果不是經由努力的鍛練（與生俱來），而是透過吃藥或打針（借助外力而來）。不是憑著堅強的意志、決心和努力，而是仰賴化學藥物所帶來的優勢，沒有人會認為是公平的，也是我們絕對不能碰的事情。

教練對於球員服用類固醇置之不理，不只違反公平競賽的規則與法律，更是給球員立下一個壞榜樣，教練應該是球員學習運動家精神的好榜樣，而不是一個「為了贏可以不擇手段」的人。

Q

每個人都應該有上場的機會嗎？

籃球教練堅持讓每個人，包括最差的人，都要上場，當然，他們也是球隊的一員，教練一定也是認為他們在場上還是會有貢獻，但是，他們承受得起嗎？教練把我們這些可以得分的人換下來，讓那些人上場時（通常是在比賽後半段，而且我們已經遙遙領先的時候），我都很生氣，太不公平了，我覺得教練應該要叫他們更努力練球，或是乾脆把他們踢出球隊才對，這些人應該要了解，如果不能得分，就沒有上場的機會。如果我跟其他球員可以繼續留在場上，我們領先的幅度一定可以更大，但是，教練說我這樣對其他沒有像我這麼有天份的球員不公平，教練和我誰才是對的？

What Do You Think?

你會怎麼做？

- 球隊的每一名球員都應該獲得上場的機會。
- 程度跟不上其他球員的人就應該坐冷板凳或被開除。
- 最好的球員當然應該留在場上最久，這樣才能贏。

A

你和教練都很重視公平，也就是人生準則四。你覺得公平在運動場上就是指「最厲害的人才能上場」，而教練則認為是「每個人都可以上場」。

我們先假設你的想法是對的，只是，沒有機會上場比賽的人要如何進步？練習跟真正比賽的張力很不一樣，當你在場上跟對手競爭，而且有時間的限制時，那真的是另外一回事，輸贏的利害關係能夠真正激發球員和球迷的腎上腺素，激發出我們最大的潛能，全力衝刺，沒有任何訓練可以取代真正的比賽。

的確，有些球員不管他們多麼努力練習，還是沒辦法跟上其他人，那麼「公平」的意思是也讓這些球員有上場比賽的機會嗎？答案是肯定的。

教練也了解，這些球技比較不好的球員有可能會影響到球隊贏球，所以才會讓他們是在比較沒有輸球風險的情況下上場，畢竟，比賽的目的還是要贏球。只是，除了輸贏，比賽還有培養團隊合作、革命情感的目的，當然也希望大家都能從中獲得樂趣。如果公平是指給每個人機會，那麼不讓那些球技比較不好的球員上場是不是很殘忍呢？顧及球隊的輸贏固然重要，但這同時也剝奪了他們享受比賽那種刺激的權利。我們應該找到一個平衡點，讓最厲害的球員可以保住球隊的勝利（在球賽前半段上場），同時也給技術沒那麼好的球員機會，上場享受比賽的樂趣。

而且，也許哪一天，板凳球員可能會抓住機會，在場上得分，證明自己的能力。

每個人都應該獲得機會

Q 沒有運動家精神的是父母時，我該怎麼做？

有件事困擾我很久了。在我參加的棒球隊，有些來看比賽的父母對教練、裁判、甚至是彼此叫囂。我聽過他們出言恐嚇，還曾經看過兩個父親在觀眾席上大打出手；有些父母會對著自己的孩子大吼大叫，口出惡言，像是「要是打不出安打，你就自己走路回家！」看到這些父母這麼在意輸贏（我很不想承認，但是也包括我的父母），真的很丟臉。請不要誤會我的意思，我跟大家一樣，也是每一場比賽都想贏，只是我不懂他們為什麼要這麼激動。我有兩個問題，身為總是告訴小孩什麼是對什麼是錯的大人，自己的表現卻比小孩還要糟糕，這樣不是言行不一嗎？下次再發生這種事情時，我該怎麼辦呢？

What Do You Think?

你會怎麼做？

- 比賽總是會激發出每個人比較好鬥的那一面，我可以了解為什麼這些父母在看比賽時會這麼激動。
- 父母不應該對自己的小孩或是場上的任何人吼叫，他們應該保持風度，做個好榜樣。
- 父母如果在比賽中無法控制自己，球員應該要請他們出場，父母不應該這樣介入比賽。

我認為父母應該是全世界最不會做出不當行為的人，只可惜，不一定是這樣。

事實是，父母因為小孩犯錯而教訓或處罰小孩，並不代表他們就不會犯同樣的錯。大人的這種行為不只是不成熟，而且是錯誤的，這種惡劣、粗魯而且不公平的行為，違反了所有的人生準則。

在比賽中，輸得有尊嚴和贏得有風度一樣重要。大家都想在不滿裁判的判決時破口大罵，或是在打敗對手時高聲歡呼，但是一個成熟的人必須控制自己的衝動，不要做出幼稚的舉動，或是讓憤怒沖昏了頭。憤怒不只是心理問題，也是道德問題，因為憤怒會讓其他人擔心自己的人身安全。

無法控制自己的憤怒違反了人生準則一「不要傷害人」，以及人生準則二「讓事情更好」。

這樣的父母完全不尊重自己的孩子和其他的父母，也違反了人生準則三「尊重別人」。

在運動場邊無禮、恐嚇或暴力更是違反了人生準則四「要公平」，因為這種行為會影響到比賽，以及場上的人的表現。所以，不只是場上的人，場邊的球迷也應該要遵守公平的原則。

父母也會犯錯，這是事實，但不是不當行為的藉口。回答你的第一個問題，是的，雖然我們可以理解父母也會犯錯，但是父母自己做不到對小孩的教導**的確是**嚴重的言行不一。回答你的第二個問題，人生準則五要我們去愛人、關心人，即使——特別是——對方並不這麼認為，你可以、而且也應該去實踐這個準則，大人有時候也只是凡人。

但是，我們必須很清楚底限在哪裡，像打架、恐嚇、憤怒失控這種沒有運動家精神的行為是沒有藉口的，很多時候做出這些行為的人可以沒事，是因為旁觀者沒有出面制止他們。運動員可以明確地表達，場邊的每個人都必須尊重他人，任何人做出不當的舉動都會被請出場，包括父母。我保證大家會尊重你們的要求。

3

如何談戀愛與分手？

約會時可以先把五個人生準則放一邊嗎？為什麼你會這麼想？其實，遵守這些準則才可以幫助你的戀愛順利，誰不想跟一個親切、有禮和關心人的人約會呢？在一段感情結束時，要記得，除了你的前任男（女）朋友，你的反應也都被其他人看在眼裡，心中有道德可以幫助你安然度過感情結束時所面臨的各種驚濤駭浪。這些準則可以讓你在感情的路途上，不管是開始或結束，引導你避開各種坑坑洞洞。

Meetups, Hookups, and Breakups

Q 網路上的個人檔案一定要用自己的照片嗎？

上個禮拜，我在一個社交網站上建立自己的檔案，但是，我遇到一個難題，如果我放自己的照片，應該不會有人跟我連絡。大部份的人只會以貌取人，而我長得又矮又胖，所以我決定放一張在網路上找到的照片（我不認識那個人，但是他很好看，看起來應該跟我同年），我想這樣應該可以讓我交到不少朋友。等到有人真的要求見面時，再寄給他們我真正的照片。如果他們是真心要跟我交朋友，應該能夠理解為什麼我的檔案要放別人的照片；如果他們不是真心的，就算他們覺得很生氣，那也沒關係。但是，我的好朋友覺得我應該放我自己的照片，你覺得呢？

假裝是別人……掛羊頭賣狗肉

What Do You Think?

你會怎麼做？

- 放一張好看的照片會比較好，即使不是你自己的照片，應該沒有人會發現吧？
- 好像不應該，但是我不確定為什麼，我想我只是不想假裝自己是別人，即使是我不認識的人。
- 我絕不會用別人的照片來假裝是自己。

A

在自己的檔案中放別人的照片牽涉到很多問題。

人生準則三告訴我們要尊重別人，其中一點是對人要誠實，拿別人的相片假裝是自己就是不誠實，你在誤導別人相信你是另外一個人，而且，沒有經過別人的同意，就擅自使用人家的照片，也是違反了人生準則三，這對於照片被你盜用的人來說，是非常不尊重的行為，如果有人未經你的同意，或在你不知情的情況下使用你的照片，你應該會覺得那是不對的吧？同理可證。

另外，你可能沒有意會到，這其實也是不尊重你自己。首先，你覺得如果是放自己的照片，沒有人會連絡你，但是你在網路上的檔案代表的不僅僅是你的外表，還可以用來說明你是一個什麼樣的人。想想看你的興趣是什麼，像是下棋、聽音樂、看電影、打電玩，一定有很多人跟你有一樣的興趣，或是跟你一樣對某些事情也很狂熱，這些志同道合的人應該不會在乎你長得如何。沒錯，的確有些膚淺的人只在意外表，但是，你也不想跟這種人做朋友啊。當你用別人的照片時，不只是欺騙別人，也是欺騙自己，你基本上是認為「我長得不好看，沒有人會喜歡我。」這根本就不對，你現在身邊的朋友就是最好的證明。

我們來看看人生準則五「要愛人」在這裡扮演什麼樣的角色。要仁慈、愛人和關心人不僅是對別人，也是對自己。對自己的外表這麼嚴厲是不愛自己。

人生準則五的真義是為了自己而改變（像是養成更好的飲食和運動習慣），並且接受——甚至是擁抱——你無法改變的部份（像是你的身高）。最後，人生準則二鼓勵我們讓事情更好，人生準則四告訴我們要把不公平的事變公平（也就是修正錯誤），現在，把別人的照片換回你自己的照片，就是最好的實踐。

Q

可以用電子郵件分手嗎？

那個跟我約會了好幾個月的男生做了一件很可惡的事，我很想知道你的看法是什麼。我們互相喜歡對方，至少我是這麼認為。他跟我讀不同的學校，我們是在一場足球賽認識，而且一見鍾情，很快就變得形影不離，做什麼事都在一起，我無時無刻都想著他，他說他也是。但是幾天前，我收到他的一封電子郵件：

「很抱歉我不想再繼續跟你約會了，我們之間進展得太快了，我還沒有準備好要安定下來。我本來想打電話給你，但是我覺得寫信對你應該比較好，在人生未來的路上，也許我們還有機會再見面，但是至少現在，我需要一段時間冷靜，希望你不要恨我，我真的很抱歉，也會永遠愛你。」

很誇張吧？從收到信開始，我的眼淚就沒停過，我很氣他也氣自己，覺得自己真是白痴才會愛上他。你不覺得用電子郵件分手是不對的嗎？我覺得他欠我那麼多，怎麼可以這樣對我，姐姐說我應該忘了他，但是好難。

What Do You Think?

你會怎麼做？

- 忘了這個人，用最快的速度找到另一個人來取代他，讓他出醜！
- 學著下次不要再看錯人。
- 每天無時無刻只想著一個人很蠢。

A

這個男生分手的方法違反了人生準則三「尊重別人」。他不關心你和你的感覺，漠視人生準則五「要愛人」。雖然他說用電子郵件分手是為了你好，其實應該是對他比較方便。跟人分手從來就不是一件簡單的事（除非是因為受虐，但有時候即使那樣也不見得簡單）。在一段感情結束的時候，我們應該盡最大的努力去考慮對方的感受，用最尊重對方的方式來分手，也許會很為難，但是應該要見面談，至少也要透過電話，在這種情況下利用電子郵件完全就是不對的，這表現出他的不尊重、殘忍和自私。

有時候，我們的確可能會太快就陷得太深，即使是連續幾個月密集的約會，也很難真正了解一個人，更何況，有些人是會偽裝自己的。

我們在這本書中一直提到，這些人生準則不只是關於我們如何對待別人，也是如何對待自己。對於一個還不是很了解的人就投入太深的感情，會讓人在情感上變得脆弱，這對自己並不好。了解自己的需求並沒有不對，像是安

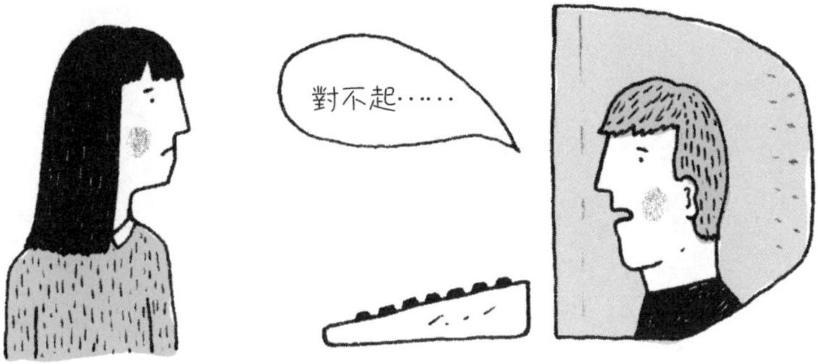

全感，但是下次對另一個人動心時，記得多愛自己一點。我知道在你覺得遇到命中注定的那個人時，會很難克制自己的情感，最難的就是在自私和無私之間找到一個平衡點，長久下來，太偏哪一邊都不會有好的結果。

還有，如果他在「人生未來的路上」又跟你連絡，而且想要復合，想一想：未來的行為的最佳預言者就是過去的行為。他已經告訴你他是個自私的人，是的，人可以、也會改變，但僅限於當他們體認到自己有問題，而且願意下工夫去改。你一定要找到很堅強的理由與證據，才能再相信他一次。

Q

比我大幾歲才是太大？

我在暑假時喜歡上的夏令營輔導員約我出去，我很想去，但是我知道爸媽不會讓我去。輔導員跟我說我們可以約在一個我爸媽絕不會發現的地方。我不想說謊，可是還有其他辦法嗎？我是青少年，他已經大學畢業，還沒有結婚，我不覺得這有什麼不妥，我經常看到大人跟比自己年輕很多的人約會，並沒有人會大驚小怪，而且他又不是學校的老師，不然就太噁心了。如果爸媽多認識他，就會知道他是一個很好的人。你不覺得在某些情況下，有些事不讓父母知道沒關係嗎？這些事他們不知道又不會怎麼樣。

What Do You Think?

你會怎麼做？

- 要跟誰約會是自己的事。
- 我會先跟輔導員當朋友，等年紀大一點再看看如何發展下去。
- 不要跟約學生出去的輔導員扯上關係，拒絕他。

A

也許你看不出來跟夏令營輔導員約會和跟學校老師約會（這不僅違反教師的職業道德，而且可能違法）有什麼不同，但是，一個大學畢業的輔導員跟來參加夏令營的學生約會（即使是再大一點的青少年），可能會對學生造成也許很多年都無法平復的傷害。

在某個程度上，夏令營的輔導員跟老師一樣，維護你的權益是他（她）的責任，是照顧你的人，並不是你的同輩。跟比自己年長那麼多的人約會，你將面臨到是不是要那麼早就有性行為的壓力，如果輔導員真的為你想，他應該會跟你繼續當朋友，而不是想要變成男女朋友。

好的輔導員不會跨越界線想跟學生交往，他不只是約你出去，還鼓勵你跟父母說謊，這表示他不尊重你，也違背了你的父母對他的信任，這樣嚴重地違反人生準則三，在任何關係當中都是不能忽視的警訊。

此外，當兩個人之間的能力與權力差異太大時，就存在著弱勢的一方被不當對待的風險，即使雙方都是成人也有可能，這違反了人生準則一「不要傷害人」。這也就是為什麼醫生跟病人、老師跟學生和律師跟委託人約會是不道德的。面對一個權力和影響力比你大很多的人，你會很難拒絕他提出的要求，因為你有理由害怕，例如，如果拒絕跟你的醫生發生性關係，他有可能不會給你適當的醫療照顧，如果你拒絕或是單方面結束關係，你所擔心的事可能會變成真的。無論你是不是這樣認為，你和你的輔導員之間的權力很不對等，所以輔導員希望跟你交往而約你出去是不對的。

請想想看，如果輔導員跟你發生性關係，他可能會被控告強暴。法律禁止成年人與未成年人發生性關係，即使未成人是自願的。因為這是利用和壓搾未成人的弱點，可能對他或是她造成巨大的傷害。

回答你的問題，有少數幾件事不告訴你的父母可能沒關係，例如你的日記裡寫的是什麼，但是跟輔導員約會不是沒關係的事。我們可以了解，喜歡上一個人是無法控制的，而且在那個時候其他事情似乎都變得不重要，但是，在這種情況下，最好不要有進一步的發展。跟你的父母說對你是好的，因為約學生出去的輔導員不會被允許繼續擔任這個工作。

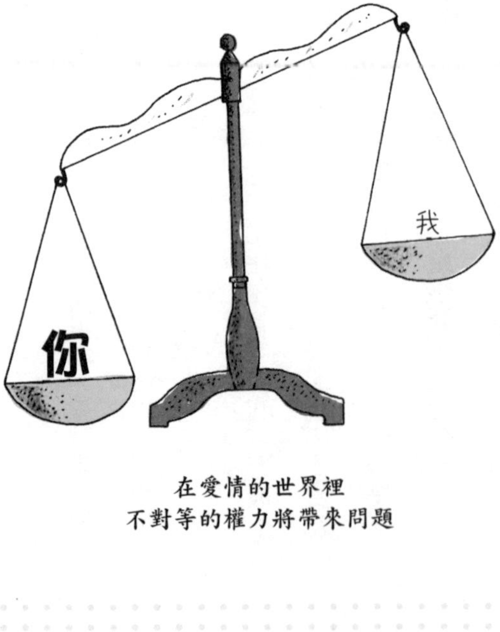

在愛情的世界裡
不對等的權力將帶來問題

Q 我應該為愛付出一切嗎？

我跟男友交往六個月，熱戀中的我們每天都在一起，一起看電影、一起做功課（雖然他大我一年級）、一起打網球，還一起去做社區服務。我以前交過別的男朋友，但是只有他讓我覺得，他就是我的真命天子、靈魂伴侶，我知道他對我的感覺也是一樣。最近他常提到我們的關係應該要「更進一步」，應該要有性行為，我也很想要這樣，但是同時又覺得我還沒準備好，聽起來可能很奇怪，因為大家好像都已經有性經驗了，但是，我真的希望可以等到時候到了再說，而現在我覺得還沒到那個時候。

當我們意見不合時，雖然很少發生，我們通常可以在事情弄僵之前就解決，唯獨對於這件事，他不能接受我的想法，不要誤會，他並沒有強迫我，他完全不是那種人，可是他會說「如果你真的愛我，就應該表現給我看。」

我不是一個古板的人，也真的愛他，但是我不覺得必須跟他發生關係才能證明我愛他，我希望他能尊重我的決定，然後就不要再提了。但是，我也很擔心如果時間一久，他可能會轉而跟其他女生約會（我知道有些女生對於他的要求是沒有問題的），該怎麼做才對？

What Do You Think?

你會怎麼做？

- 他是對的，如果你愛他，就應該跟他發生性關係。
- 男女朋友之間不應該給對方壓力去做不想做的事。
- 準備好被甩吧。

A

施加壓力要對方跟自己發生性關係，嚴重違反人生準則三「尊重別人」。尊重一個人就是尊重他想要的東西跟價值觀，男朋友對你施壓要你跟他睡覺，非常不尊重你，而且根本是不對的。

另外，他所說的「如果你真的愛我，就應該表現給我看。」也透露了他對你的不尊重，你不需要去做你不想做的事才能證明你愛他，更何況是像性這麼特別、私人而且有風險的事，這是不分年齡的，只不過對未成年的你們來說更是如此。表現出真愛最好的方式就是尊重對方的期望，而不是把自己想

要的強加在對方身上，你可以很明白地告訴他「如果你真的愛我，請你尊重我現在不想要的決定。」

你從來不需要擔心因為做自己、表達自己的想法會導致分手，如果你的決定讓這個男生決定放棄你去找別的人，那麼，他根本就不是那個對的人。我的意思不是這個男生一無是處，只是他說的話真的是個很大的警訊。互相尊重是所有認真的感情的基礎，你應該告訴他，你希望他尊重你不要有性關係的決定，如果他無法接受，你會選擇離開，他的反應將會反映出他真正的人格。

4

如何保護自己、避免被欺負？

有人強迫你吸毒時，你該怎麼辦？被欺負時，怎麼辦？你該如何回應可能比身體上的傷害更嚴重的批評與言論攻擊？現在，我們就來談談這三個問題。

Self-defense: Bullies, Pushers, and Critics

Q

在學校被欺負，我可以反擊嗎？

學校有一個叫麥特的男生，專門欺負弱小，我就是受害者之一。有時候他會跟我們要錢，有時候他會對我們罵髒話，或是在走廊上很多人時，故意推人去撞牆。他總是恐嚇要打人，雖然我從來沒看過他真的打人。如果有人要打我，我應該有權回手，至少要想辦法保護自己，所以我很想要買廣告中看過的瓦斯噴霧劑和電擊棒，這樣我就不必害怕去上學了，我覺得這比告訴校長有用多了，而且如果打小報告被發現，我以後的日子就更難過了。難道我沒權利不被找麻煩嗎？保護自己有什麼不對？

What Do You Think?

你會怎麼做？

- 霸凌如果被被他欺負的人反擊是他自己活該，只要能達到保護自己的目的，用什麼方法都沒關係。
- 對於這種人最好是避開他，而不是反擊，霸凌只要逮到機會，只會變本加厲。
- 你應該告訴校長、學務處主任和其他負責的人，這個人在欺負你，只有大人才能幫助你。

A

你當然有不被找碴的權利，麥特也沒有權利欺負任何人，他的行為違反了所有的人生準則。但是，用瓦斯噴霧劑和電擊棒來對付這種情況，有一些不妥的地方。

首先，有些地方使用這些東西是違法的。再者，即使你沒有違法，想要用瓦斯噴霧劑以其人之道還治其人之身，結果恐怕會剛好相反。如果麥特比你高大，應該可以輕易地就把噴霧劑搶過來，遭殃的又是你。你可以上網查到這種噴霧劑會造成什麼傷害，包括暫時性失明、長時間嚴重的刺痛等等，你的自我防衛，可能會對你更加不利。

老師和校長有責任確保所有的學生免於傷害，他們必須知道哪些人是害群之馬，有些時候，他們必須依賴受害的學生，像是你，才能知道發生什麼事。

你也許很怕有些小孩會因為你把麥特的事告訴老師，而讓你的日子難過，但是這些小孩很可能日後也是麥特或其他人欺負的對象。人生準則四「要公平」告訴我們，每個人都有相同的權利，讓負責的大人知道麥特這種霸凌的行為是對的事情。受到保護的小孩也許不會感激你，但是你的挺身而出絕對是幫了他們一個大忙。

在這裡要談到人生準則五「要愛人」。你也許會覺得奇怪，其實一點都不

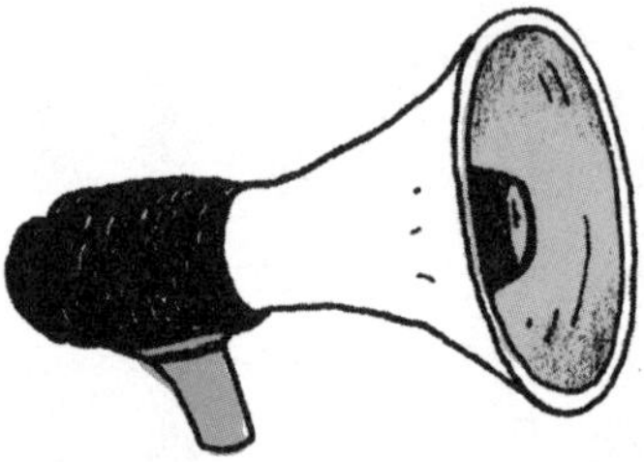

說出來！

會。你是否曾經想過，為什麼像麥特這樣的小孩總是用暴力來解決問題？麥特會找比他弱小的小孩麻煩，也許是因為他周遭的人（例如他的父親或哥哥）就是這樣對待他，當然，這不是霸凌的藉口，但是試著去了解他，也許能夠找出解決問題的方法。

試著不要帶著不屑跟敵意的眼光看麥特，把他當成沒有你幸運，而你也許是能夠幫助他的人。能夠這樣做，至少你發揮了自己善良的一面。也許有一天，對方也能夠因此找到解決問題更好的方法。

保護自己不受到霸凌的傷害是實踐所有的人生準則，也是我們都需要學習的。不論是去學跆拳道、練舉重，都要記得自己是一個值得尊重的人，你所傳遞出來的訊號可以告訴別人，你不是一個可以欺負的人。有很多方法可以讓霸凌在動手找你麻煩之前就打消念頭，以暴制暴並不是最好的方式，找到以牙還牙的機會也不需要高興，但是，如果對方不肯罷休，你被迫在自己和對方之間做選擇，當然要先保護自己。

Q

拒絕抽大麻會被排擠嘲笑，我該試試看嗎？

我在一些派對裡經常看到一個男生，他不是我們學校的學生，但是我們班上有些人跟他在球隊裡認識，他問過我幾次要不要跟他買大麻，每次我拒絕他，他就會說「這有什麼大不了？膽小鬼。」還有幾個人也會在旁邊鼓吹「沒試過怎麼知道喜不喜歡？」

如果我碰毒品，即使只是一次，我爸媽一定會氣炸，但是，我也不想被嘲笑。仔細想想，沒試過的東西你怎麼會知道是怎麼回事呢？而且大麻並不是像海洛因或安非他命那麼嚴重的東西，只是抽一根大麻煙應該沒關係吧？

What Do You Think?

你會怎麼做？

- 我會買一根假裝抽，讓那些人不要再煩我了。
- 我不會跟那群人繼續往來。
- 如果他們繼續鼓吹，也許，有一天我會試試看。

A

在美國，買賣大麻用於非醫藥用途是違法的，沒得商量。這條法律是否有爭議並不在我們討論的範圍，除非你甘願為了抽大麻而入獄或被罰款。我想，在那麼多基於道德考量而訂的法律當中，你不會想要挑戰買賣大麻這一條。

你應該已經很清楚大麻對人體和心理上可以造成什麼樣的傷害，所以我也不再多說。

真正的問題不在於大麻的好壞，而是，我們是否該屈服於同儕壓力？想想看，如果他要賣給你的東西真的很好，需要叫你「膽小鬼」嗎？任何賣毒品的人都不是關心你的人，他們只是要你一直回來跟他們買，他們關心的是自己的利益，你根本不需要把那些人的嘲笑當作一回事。

現在我們來看看「要親身體驗才能知道是怎麼回事」的這個主張。表面上聽起來似乎很合理，但是，這跟你在書上讀到環遊世界，但還是得自己真的走一趟才知道其中的樂趣不一樣。仔細想想，這個說法並沒有抓到重點，你也許必須親身去體驗某件事，才能知道你喜不喜歡，但是，對於道德或不道德這件事，你並不需要親身去體驗才能判斷。你需要被虐待才能知道虐待是錯的嗎？你需要去偷東西才能說「偷東西是不對的」嗎？你不需要以身試法去吸食大麻，才能知道後果是什麼，這是正常人都應該可以判斷的。

同儕壓力的力量很大，被孤立的感覺很不好，每個人都希望被別人喜歡，但不要忘記，人生準則一「不要傷害人」和人生準則三「尊重人」不只是對別人，也是對自己。那麼，這個難題的答案就很明顯了：拒絕買大麻的「機會」，不需要理會那些認為你不吸就是孬種的嘲笑，對自己和父母誠實，父母才是真正關心你的人。

不要盲從

Q

可不可以不要再批評我了？

我覺得大家好像都在跟我作對，老師總是要我做這個做那個、不准做這個不准做那個；樂團的團長一直跟我過不去，不管我花多少時間練習，他總是可以挑出毛病；爸媽老是在我耳邊碎碎念，管東管西、嫌東嫌西。

我常常覺得沒有人滿意我做的任何一件事，你不覺得老是批評別人是一件很不公平的事嗎？我快被煩死了。

What Do You Think?

你會怎麼做？

- 你應該可以好好地跟你的父母說「請給我一點空間，我知道該怎麼過我的人生。」
- 練團原本應該是很開心的事，卻老是被挑毛病，退團。
- 請問那個對你不滿意的大人，讓他明確地告訴你，應該怎樣做才可以更好，並要他給你空間跟時間發揮你的潛力。

A

我希望我可以跟你說，被批評只會發生在當你還年輕的時候，但事實是，我們一生都要面對批評，只是，批評真的是一件壞事嗎？

沒有人喜歡承認自己有缺點或不完美，我們喜歡覺得自己表現很好，覺得批評就是貶低自己，但是，因為每個人都有進步的空間，所以批評其實是一種助力，而不是傷害。當我們收到適當的批評時，應該要覺得自己會變得更好，而不是更糟，因為這就是我們成長的機會。即使你對自己要求很高，有些時候，只有其他人才能看到你看不到（或不想看到）的問題。

只是，批評也有分好壞，好的批評重點放在你的行為上，可以幫助你修正問題；壞的批評包括人身攻擊（「你是白痴」）、以偏蓋全（「你沒有一次做對」），或罵髒話（你可以自己舉例），批評的用意應該是在於幫助別人把事情做得更好，或成為更好的人，而不是貶低別人，或是把罪惡感或挫折加諸在別人身上。

表達好的批評是人生準則二「讓事情更好」的最佳實踐；留意不要太嚴厲刺耳，則是做到了人生準則一「不要傷害人」和人生準則五「要愛人」；尊重別人的批評更是人生準則三「尊重別人」的最佳詮釋（說實話也是其一），這個問題真是含括了所有的人生準則。

當然，忠言還是會逆耳。我們無法、也不應該期望人生中完全沒有任何不

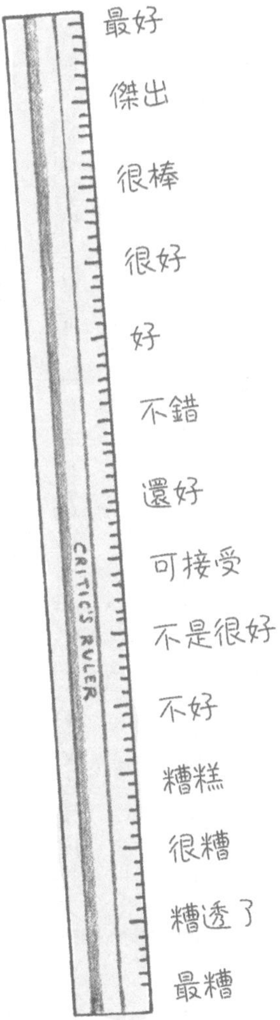

愉快的事。當你的表現失常，有人告訴你，你的表現不好時，你當然可以覺得生氣、受傷或失望。

我能夠了解，你覺得批評好像沒有停止的一天，不妨退一步，盡量從客觀的角度來看看，除了批評，你是不是也有受到肯定的時候？記得這些時候，會讓你比較能夠接受批評。

如果父母和老師用不尊重你的方式批評你，你可以、也應該說出你的想法，像是「我不應該被用這種方式對待，如果你們可以尊重我，我會很願意聽你們要對我說的話。」你有權為你自己說話，但必須是用讓人尊重的方式。

你不需要理會不尊重你、侮辱你的批評或是人身攻擊，並了解那些批評其實是透露出批評你的人是個什麼樣的人。侮辱違反了人生準則一「不要傷害人」，因為我們所說的話跟所做的事一樣都能傷人，這類的批評同時也違反了要我們將心比心、關心別人的人生準則五。

當給予你批評的人說得有道理時，雖然還是很難接受，我的建議是：心平氣和地聆聽，不要抗拒或反駁，當你真心把對方的話聽進去時，你會發現那些批評很有幫助。接受批評可以讓你成為更好的人。

5

如何在網路虛擬世界保持誠實？

條條道路通羅馬，只是有些路比較危險，如果你的目的地不是地圖上的某個地方，而是音樂、電影，或者希望在你不喜歡的某個科目拿高分，獲得這些東西的捷徑符合人生準則嗎？

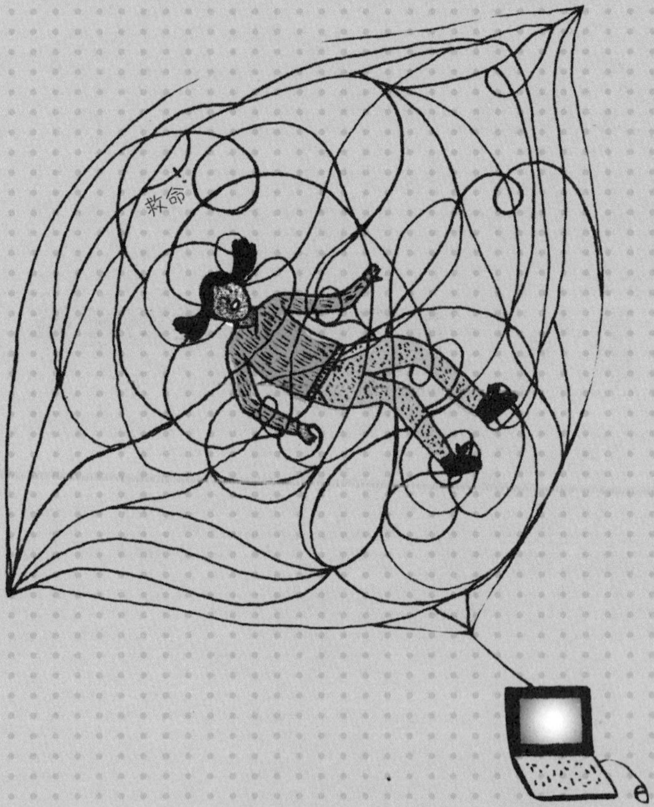

Getting Tangled in the World Wide Web

Q 在網路上花錢買報告有什麼不對？

老師指定我們讀一本看起來又厚又無聊的書，我才不想讀這種書。我參加的辯論社週末都必須到外縣市比賽，我根本沒有那麼多時間做功課，除此之外，我對於沒興趣的東西，就是很難專心，看了半天還是在同一頁。

可是，成績對我來說真的很重要。有一個很多人都知道的網站，裡面幾乎可以找到每一本書的讀書報告，只是這些報告都很貴，我的零用錢並不多，但是想長遠一點，花這些錢就不會交不出報告，還可以拿到好成績，我想這是值得的。

那些網站知道學生真的很需要這些報告，還開價這麼高，佔學生的便宜，這樣對嗎？

What Do You Think?

你會怎麼做？

- 那些網站不應該用這種方式佔學生的便宜。
- 沒什麼不對，這畢竟是做生意，如果不想付這個價錢，你可以自己寫報告。
- 那些網站不應該販賣報告，學生也不應該來買報告。
- 沒有不對，既然在網路上找得到，應該就合法。

A

有些作業很難，有些讓人很沮喪，有些就是很無聊，但是，你所面對的問題不是「那些網站明知道學生很需要這些報告，還賣這麼貴對嗎？」應該是「報告可以用買的嗎？」

答案很簡單：買報告是不對的。不管是從網路上或跟朋友買，總之，因為任何原因、透過任何方式買都是不對。

為什麼？

老師指派讀書報告的作業，是要幫你磨練閱讀和寫作技巧，你可能覺得你都已經會了，但是，即使是專業的作家仍在不斷地磨練。你可以從閱讀當中獲得其他地方無法獲得的知識，寫報告可以讓你的寫作技巧更加純熟。不做作業等於是剝奪了你學習的機會，違反了人生準則一「不要傷害人」。

人生準則四要我們對人公平，用錢買報告對其他自己寫報告的同學不公平；對於信任你、認為你的作業是自己寫的老師不公平；對於你自己也是不公平，因為你冒用別人的名義，把別人的報告當成自己的報告。

另外，人生準則三要我們尊重別人，其中一項是誠實，交別人寫的報告是說謊，不尊重老師對你的信任。

說謊是一種很不好的習慣，為了要圓一個謊，你必須說更多的謊。例如，在你交了買來的報告後，老師懷疑這麼好的報告是不是你自己寫出來的，然後你就必須再編出更多故事，來說服老師你是怎麼辦到，而且還必須裝腔作勢，讓老師覺得他怎麼可以懷疑你的人格。這樣下來，不只你的誠信受損，你可能還開始相信這些謊言，變得是非不分了。

謊言是很難永遠不被識破的，一個不小心，你自己可能就會洩了底，或是被別人戳破。有沒有可能，班上另一個學生跟你買了同一份

報告交給老師？誠實不只是應該要做到的事，也讓人生比較簡單。

這裡還有一個問題，當你提到那個「很多人都知道」的網站時，是不是在暗示，很多人都這樣，你也可以？這是不對的，世界各地都有霸凌，但這並不代表這個普遍存在的暴力問題是被允許的。

當我們將人生準則——經得起時間考驗的道德原則——套用在買報告交作業這件事上，我們很容易便可以了解這是不對的。

底限是：讀書報告要讀的書，你必須自己搞定。想遠一點，你會希望報告是自己寫的，你的努力換來你應得的分數，而不是某個人為了幫自己謀利，讓你付出損害自己人格這樣的代價。

另外，你怎麼知道你不喜歡那本書？也許它沒有你想像中那麼無聊，也許你還會讀出興趣來。

Q

買盜版DVD有那麼嚴重嗎？

街上有一個人在賣剛上映電影的DVD，有時候甚至有還沒上映的，一片一百五十元，比電影院的學生票還便宜。我爸媽說，製作盜版DVD跟買盜版DVD都是不對的，但是我不明白，我們不是很有錢，去電影院看電影好貴，為什麼不能買這些DVD呢？為什麼不是很有錢的人就不能跟其他人一樣，也能看到最新的電影呢？

What Do You Think?

你會怎麼做？

- 如果你真的那麼想看電影，可以等到出DVD時再去租。
- 買盜版DVD沒什麼不對。
- 花了一百五十元可能買到根本不能看的片，還是不要的好。

A

沒錯，看電影很貴，問題是，沒有錢是買盜版DVD的理由嗎？在我們談到人生準則怎麼看待這件事之前，先來了解一下盜版DVD是怎麼製作，為什麼不被接受。

首先，要有人帶著錄影機進去電影院，偷偷錄下電影，然後把翻拍的電影做成DVD，電影公司拍的電影，就這樣被燒成DVD公開販賣。大家要了解，製作這些DVD是違法的，而且也違反了電影院的規定，很多電影院都會敬告顧客，在電影院內錄影不只會被驅逐出場，並且觸犯刑法，違者會被

處以非常高的罰款，還可能坐牢，未經授權複製電影也一樣。

製作盜版DVD是在所有人不知情或不同意的情況下使用他人的財產，是一種偷竊的行為。電影公司的人付出很大的心血製作出你喜歡的電影，讓你願意付費到擁有大螢幕和高級音響效果的電影院享受，他們投資了龐大的資源，花了這麼多的心血，目的就是娛樂觀眾。買盜版DVD就跟搶劫一樣，搶了電影公司、搶了幕後工作人員、搶了所有為了一部電影的誕生，而辛苦工作的人所能得到的回報。製作、販賣和購買盜版DVD，全都違反了人生準則四教我們的對人要公平，要讓每個人都獲得他應得的，每個人都應該獲得他所做的工作應得的工資。

經濟不景氣讓很多人都沒辦法在下班或放學後出去玩，但是我們可以因為沒有錢就到餐廳吃霸王飯，或是到商店裡搶劫嗎？當然不行。同樣的，買盜版DVD也是不對的，因為那是一種偷竊的行為，跟前面兩個例子並沒有不同。

Q

誰會在意下載音樂是不是非法的？

不知道為什麼，有這麼多人對於從網路上免費下載音樂那麼大驚小怪，如果有免費的東西，怎麼會有人想要付錢去買呢？對我來說，這根本不算偷竊，到商店裡拿了一瓶汽水卻沒有付錢，這才叫做偷竊，那當然不對，因為你真的是拿了不屬於你的實體的東西，而商店必須從別的地方付錢買來這瓶汽水，可是，當你下載一首歌時，是因為已經有人買了CD，或在別的地方付了錢才獲得那首歌，然後在網路上跟大家分享，並沒有人因此賠錢。我覺得那些可以免費下載音樂的網站就跟電台一樣，雖然嚴格來說那些網站是違法的，但是，他們比電台好多了，你可以自由選擇要聽哪首歌，而且還可以存起來。

網路上很多歌都是來自那些已經賺了很多錢的歌手，他們又不需要更多的錢。

免費下載音樂到底有什麼大不了的呢？

What Do You Think?

你會怎麼做？

- 有免費的音樂可以下載，為什麼不？
- 我不會去下載，但也不覺得那些去下載的人有什麼錯。
- 我有些朋友會去下載，但我覺得那是不對的。

大不了的地方就在於，沒有付錢就下載音樂或電影是一種偷竊的行為，是不對的。

為什麼偷竊只限於「拿了不屬於你的實體東西」？駭客在網路上偷別人的銀行帳號把錢領光算偷竊吧，但是，他們並沒有走進銀行裡啊，所以，下載音樂雖然不是走進店裡把CD拿走，也是偷竊。

而且，不能因為「沒有人賠錢」就可以這樣做。你拿了那個歌手的音樂，就應該付錢給那個歌手。而且我們付的錢不只是付給歌手，還有作詞作曲的人，以及唱片公司，包括製作人、工程師，以及所有將音樂帶給聽眾的幕後工作人員。

道理很簡單，如果甲幫乙做事，乙就應該付錢給甲，除非甲先說他是免費幫乙做事。人生準則四要我們對人公平，也就是給別人他應得的。歌手做音樂也許不是因為要賺錢，而是要表達創意，但是很少人是不要酬勞的。即使是如此，幫他們錄音並發行到全世界的人，還是應該獲得應有的報酬。

有時候，歌手為了打知名度，會將幾首歌放在網路上讓大家免費下載，但是他們希望的是，如果你喜歡的話，可以付費買其他的歌；有些歌手甚至會讓大家免費下載整張專輯，目的是希望接觸到更多新的聽眾，或是回饋一直支持他們的歌迷，但是，這並不表示他們所有的音樂都免費。

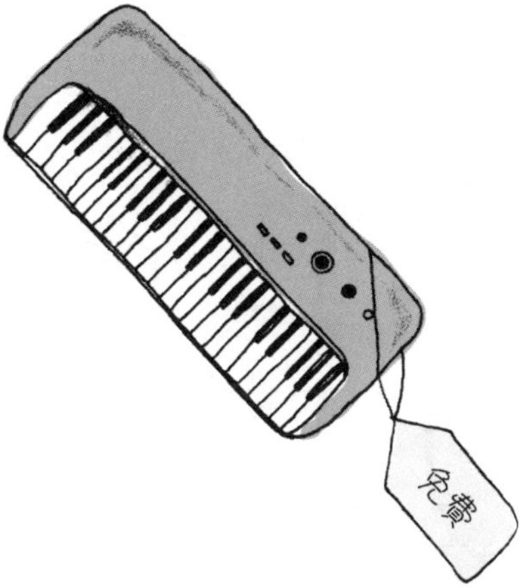

你提到「網路上很多歌都是來自那些已經賺了很多錢的歌手」，這並不正確。事實上，大部份的藝術家和藝人，無論是從事音樂、電影、繪畫、寫作、舞蹈或表演，都稱不上有錢。他們通常都必須靠第二份（或第三份）工作，才能夠繼

續做音樂、電影、寫書或表演。你付出幾百塊給他們所創作、演出和錄製的音樂，對他們來說很重要。再把這些錢乘上所有免費獲得他們音樂的人，數目是很可觀的。

況且，一個藝人是賺兩百塊或兩百萬，跟這件事沒有關係，偷竊就是偷竊，即使被你偷東西的人並不會因此就破產。

除此之外，沒有經過藝人的同意，就免費下載他的音樂，這絕對不被允許。當然，非法不一定就是錯的，只是，如果你不認同不能免費下載音樂這條法律，而且認為自己有權這麼做，那你也必須為你所相信的事付出代價。如果你被抓到了，唱片公司可以要你賠償幾百萬，你甚至還可能被判刑，這是你願意付出的代價嗎？你覺得值得嗎？

用「分享」來形容非法下載音樂似乎是指，音樂的所有人同意這樣的行為，但是，事實並不是如此。付費購買音樂才公平，也才能表達你對音樂人的「感謝」，感謝他們做出你喜歡的音樂。

6

如何看待作弊的行為？

告訴一個人他還沒看過的電影結局是不對的嗎？有沒有可能在某些情況下，考試可以抄別人的答案？如果老師弄錯了，給你很高的分數，這樣有關係嗎？人生準則可以告訴你答案。

Spoiling, Cheating, and Taking Advantage of Another's Mistake

Q

把結局講出來很過份嗎？

我們班有一個人，就叫他小強好了，他很喜歡在人家還沒有自己去看電影之前，就先把結局講出來。小強通常是新電影一上映的那個週末就會去看，然後禮拜一一早到學校，不管別人想不想聽，就跟每個人講結局。我跟他說我不喜歡這樣，他只會說「影評也會講出來啊，反正你遲早都會知道，幹嘛那麼敏感，不過就是部電影。」

誰是錯的，小強還是我？

你會怎麼做？

- 我會避開小強。
- 不管是小強還是別人，在網路上放地雷的人才不在乎你會不會踩到、知不知道電影的結局。
- 我會試著要小強改掉這個壞習慣，總有人得站出來說話吧。

A

驚奇有好的跟壞的，自己去發掘故事的結局是好的，未經你的同意就洩露了結局是壞的，這一點都不好玩，你並沒有反應過度。

像小強那樣喜歡洩露謎底的人並不是壞人，但他們的行為是不對的。這樣說也許能讓你好過一點：其實受害的人並不是只有你。在哈利波特最後一集出版之前，有一些像小強一樣的人，早已大張旗鼓洩露了結局，他們到聊天室、BBS，還有一些哈利波特迷聚集的網站，在讀者還沒有拿到書之前，搶先曝光重要的情節。最諷刺的來了，我在自己的網站上寫了一篇文章，是關於洩露哈利波特最後一集結局的道德問題，有一個人就把結局貼在這篇文章的留言板上。

這些大嘴巴真是糟糕！洩露祕密不只很沒有禮貌，而且不道德。

首先，讀者或觀眾在一本書、電視節目或電影上投入很多的時間跟精神，大嘴巴違反了人生準則一「不要傷害人」，在別人還沒有機會自己去發現之前，就把結局講出來，這些大嘴巴可能覺得自己是無心的，但卻對聽的人造成了傷害。

再來，一個故事不是憑空產生，是有人創作出來的，這個人——作者，如果知道有人像小強一樣，把他辛苦耕耘的結果，輕易地就洩露出去，他絕對有理由生氣。大嘴巴不

只是傷害了讀者跟觀眾、傷害了作品，還傷害了作者。

「不要傷害人」指的不只是讀者，還包括作者，以及我們的閱讀文化。

另外，這也牽涉到人生準則三「尊重別人」。洩露故事的結局是很不尊重人的，因為大部份的人都想要親身體驗故事的樂趣，小強似乎只想到要炫耀自己已經看了最新的電影，並不關心還沒看過的人的感受，他算不上是個壞人，但卻是個自私的人。

最後，大嘴巴還犯了人生準則四「要公平」，要給別人他應得的。洩露書或電影的結局是對別人不公平，剝奪了別人跟自己一樣去享受故事情節的權利。

你應該如何對付大嘴巴呢？你也許可以罵他或警告他下次不要再這樣，但是，這違反了不要傷害人、要尊重人的原則，雖然大嘴巴不把人生準則放在心上，不代表你也可以這樣。比較好的方式是，找到大嘴巴好的一面（「我知道你沒有惡意，所以，不要跟我說結局好嗎？」），或者，乾脆就盡量避開他。大嘴巴的父母則應該適當地處罰他，這才公平！

Q

別人作弊為什麼變成我的問題？

今天早上考試的時候，我發現漢娜抄別人的答案。漢娜四處張望時發現我看到了，其他人都沒有看到（當時老師正在看書，沒有注意到）。下課後，她跑來要我不要告訴任何人，她說這是她第一次作弊，她的父母正要離婚，她根本沒辦法專心在功課上，才只好作弊。她保證絕對沒有下一次，所以我應該幫她保守這個祕密。

可是，學校有一個榮譽制度，發現任何違反校規的事都應該要告訴學校。我不想當抓耙子，而且，如果她父母的事是真的，我大概可以理解她為什麼要這樣做。

我該怎麼做？

你會怎麼做？

- 這個女生家裡的事已經夠煩了，不要再為難她了吧。
- 別人作弊跟你一點關係都沒有，所以沒有必要跟任何人說。
- 作弊是不對的，作弊的人應該要受到處罰。我為了準備考試，花時間讀書，為什麼她不用呢？

A

這真的很難，漢娜作弊，然後又給了你一個很好的理由。

而且，這還違反了校規。校規應該不會是「學生不能作弊，除非家裡發生重大變故，或是剛剛跟人分手，或就是不想讀書。」而是，如果你抄別人的東西就是作弊，而且必須受到處罰。為什麼抄別人的答案不是重點，作弊就是作弊，不管背後的原因是什麼。

不是所有的學校都有榮譽制度，所以你也可以假裝你們學校沒有，這樣你就不用去「告密」了。如果你不清楚發現不當行為時，學校對你的期望是什麼，你可能會傾向當作沒這件事（即使這樣不對），繼續過你的生活。但是，你的學校對你的要求很清楚，雖然做起來會很難。

人生準則四「要公平」是你在面對這個難題時應該考慮到的，作弊是違反這個人生準則最明顯的例子。假設那個作弊的人得到A，而被抄答案的人是很用功讀書才得到這樣的分數，這樣的結果對兩個人都不公平：被漢娜偷看答案的人的分數相對變低了，而漢娜自己則是假冒成別人。事實上，這對班上其他沒有作弊的人，不管是不是拿到A，都不公平，大家都有資格說「我讀書準備這個考試，得到我應得的成績，可是作弊的人沒有用功就得到高

我寧可不要當抓耙子……

分，不公平！」

現在，我們來想想，如果你真的答應漢娜什麼都不說，她是很可能再作弊的。很多人一而再再而三地作弊，有一個很重要的原因就是因為他們不用付出代價。所以如果你什麼都不說，這就像是告訴漢娜，她做的事不對，但是不用受到處罰。

當然，告訴老師並無法保證漢娜以後不會再作弊，要制止這樣的行為，學校必須處罰她，並且讓她明白，下次再犯就不會再原諒她了。她也必須承諾不會再犯。老師、父母和校方可以嚴格執法，但是重點還是學生自己要會分辨是非。

應該沒有人喜歡當抓耙子，但是，有沒有可能老師會發現你知道她作弊，卻沒有說呢？即使學校的榮譽制度有明確規定。老師也許可以理解你面臨的難題，而且真正生氣的是作弊的人，但是，老師也可能會對你沒有挺身而出感到失望，雖然這對你來說真的是兩難，學校甚至可能會責怪你沒有遵循榮譽制度。

但是，什麼都不做並不對。我必須說，告訴老師你看到什麼是唯一的辦法，沒有人喜歡這麼做，但是你並不需要為此感到丟臉，因為，做錯事的並不是你。

當我們想到學校應該如何處理漢娜的行為時，根據人生準則四，犯錯的人必須受到適當的處罰，這很重要沒錯，可是也不要忘了人生準則五「要愛人」。如果漢娜的家裡真的發生那些事，並且對她造成影響，學校的輔導老師應該可以幫助她。作弊的確應該受到處罰，但是我們也應該將心比心，在她需要幫助的時候伸出援手。

Q

進電影院看電影沒付錢有什麼關係？

我和朋友發現一個很酷的方法，可以用一部電影的價錢，看兩三部電影。我們去的電影院有十二個廳，我們的電影演完後，跟幾個朋友買一些爆米花跟零食，接著又走進另一個廳，遇到禮拜五或禮拜六，甚至還可以用同樣的方法看到第三部電影。我的一個朋友艾里覺得這樣不對，我告訴他，我們又不是偷溜進去的，那裡根本沒有收票員，所以我們是正大光明地進去；而且這不能算是小偷，反正不管我們在不在裡面，電影還是要放，有誰受害嗎？

What Do You Think?

你會怎麼做？

- 好主意，這個週末我也要試試。
- 艾里是對的，你只付一部電影的錢，當然只能看一部電影。
- 這是不對的，但是電影院沒有驗票是他們的錯，又不是我的錯。

A

小偷是指「拿東西沒付錢」，在這裡，你的確是拿了東西——看了電影，而且沒有付錢，這就是小偷的行為。這跟你是不是拿走實體的一件衣服或一片DVD，一點關係都沒有。

人生準則四「要公平」要我們給別人應得的。你看了電影沒有付錢，對電影院不公平，因為電影院必須付錢給電影公司才有權（但不是版權）放映電影，你看免費的電影對於其他製作電影的人，包括製片、導演、演員和所有幕後工作人員，都不公平，他們的工作也應該獲得報酬。所以，回答你的問題「有誰受害嗎？」每個為了讓你看到這部電影而付出的人都是受害人。一張票看好幾個廳的電影可能沒有嚴重到會被抓去關，但是電影院可能從此以後都會禁止你入場，而且，天下沒有白吃的午餐，你付出的是你的人格。五個人生準則包括「要公平」，都不僅是對他人，也是對自己。拒絕白吃的午餐的誘惑就是對自己也是對別人公平。

俗話說，沒有人在看的時候，就是顯現出一個人的人格的時候，這種情況就是一個很好的試煉，看看自己是個什麼樣的人、想成為什麼樣的人。

Q

意外得到的高分，是幸運還是不勞而獲？

我的數學不是很好，期末考得了A真的讓我很驚訝，我知道我並沒有考得那麼好，是老師算錯分數了（很諷刺吧？），因為這樣我在班上的排名變成B，而不是我應得的C。B在成績單上實在好看多了，所以我根本不想跟老師說，而且，是老師自己犯錯，為什麼是我受到處罰。我不想告訴任何人，因為我怕有一天會傳到老師耳裡。我只是想要好成績，這樣不對嗎？

What Do You Think?

你會怎麼做？

- 真好運！當然是不客氣地收下，而且什麼都別說。
- A留著，但是要有心理準備，如果老師發現了，就會把成績改回來。
- 告訴老師請他改過來，誰要每天帶著罪惡感？

A

想要有好成績當然沒有錯，錯的是靠別人犯錯才拿到好成績。我很肯定你其實知道這是不對的，不然你就不會擔心別人把話傳出去了。知道這個成績不是你應得的，代表你有良心，這很重要。

想想人生準則四要我們待人公平，如果老師不是根據考試的結果來打成績，而是根據學生頭髮的顏色，你覺得如何？想像一下老師說「金髮的同學得到A，黑髮是B，紅髮是C，褐髮是D。」你不是金髮，但是你可以染成金髮，或者說「不公平！髮色跟我的數學成績有什麼關係？」你想要好成績，班上每個人也都一樣，只是，不是靠自己努力而獲得的A有什麼意義呢？「給人應得的」就是公平，如果你的努力換來的是C，那就是你應得的。

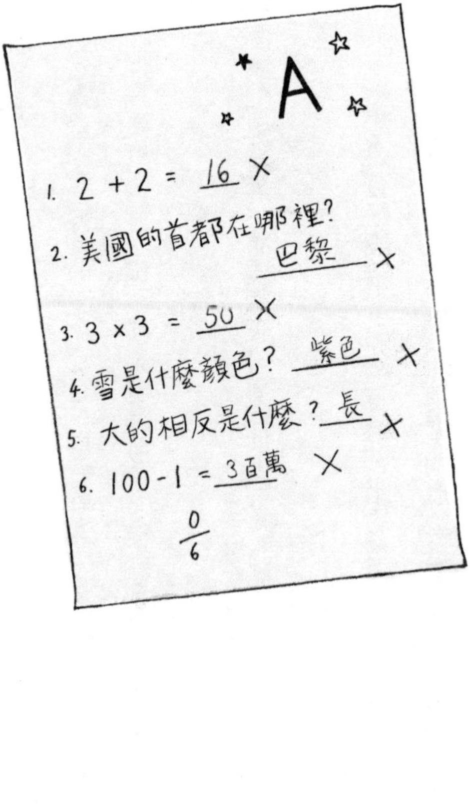

如果你的老師犯的是相反的錯呢？她算錯分數，你本來應該是A，結果變成D，這種情況下你會大聲說出來吧？當然會，而且說出來也是對的，同理可證，你留著錯誤的A是不對的。你指出老師的錯，並不是被處罰，而是要修正不公平的事情，這也是在實踐人生準則四。換句話說，說出你的成績被算錯了，是告訴大家你是一個誠實、公平的人，這很令人敬佩，因為大部份的人對於這樣的錯誤可能都會保持沉默。

也許你不覺得，但是留下不是你應得的成績也算偷竊，跟我們前面提到的看免費電影的例子一樣，拿走不屬於你的東西不一定要是實體的東西。例如，想像你們班去遠足，中午到一間餐廳吃飯，因為人實在太多了，服務生忘了算巧克力蛋糕的錢，付錢時不提出來是對的嗎？當然不對，拿了東西不付錢是不對的，而且，服務生可能會因此被扣薪水。從道德的角度來看，對於老師給錯的A默不出聲，這和不跟服務生講蛋糕的錢沒算到是一樣的。

人生準則三「尊重別人」在這裡也很重要，因為誠實就是尊重別人最好的實踐。在你的人生中，如果你對於一個錯誤保持沉默，你不會覺得自己是個騙子嗎？

所以，你應該要跟老師說分數算錯了，這樣做的勇氣該得到什麼樣的成績呢？雖然不會是A，因為這樣就不公平了，但是長遠來看，你獲得的是更有價值的東西：你知道該怎麼做才對，雖然保持沉默比什麼都不做要簡單多了。沒錯，你最終得到的會是C，不是B，但是誠實可以讓你高枕無憂。

chapter

7

如何道歉與原諒他人？

友誼誠可貴，當一切都很順利的時候。然而，真正考驗友誼的時候是在不順的時候。當你做錯事時，應該跟朋友道歉嗎？當你的朋友做錯事跟你道歉，你一定要接受嗎？道歉會嫌多嗎？

友誼也需要施肥與灌溉

Messing Up, Fessing Up, and Forgiving Your Friends

Q

什麼時候需要道歉？

我跟安迪是多年的好友，但是，最近我們吵了一架，我不曉得該怎麼辦。我們的宗教信仰不同，這在我們之間從來不是問題，直到前幾天，發生了一件事：我們聊到哪一個漫畫英雄可以打敗其他所有的角色，我分析完每個英雄的特色後，告訴安迪我覺得誰會贏，但是安迪則認為是另外一個才對，就在我們爭論不休的時候，安迪引用了一段宗教上的說法來支持他的看法。我笑他竟然笨到把宗教牽扯進來，他很生氣地說，如果我真的這樣認為的話，那我們就當不成朋友了。什麼？我告訴他我並不是說他的宗教信仰笨，而是他一開始根本就不應該把宗教扯進來。現在他都不跟我講話了，我不知道該怎麼辦才好，我不想失去他這個朋友，但是他實在是太敏感了，也許我們的確無法再當朋友了，我該怎麼做呢？

What Do You Think?

你會怎麼做？

- 安迪應該要放輕鬆一點，不然就稱不上是好朋友。
- 安迪有權覺得被侮辱了，他的朋友應該要慎重地跟他道歉。
- 安迪不應該生氣，但是他的朋友提到他的宗教信仰時應該要更小心。

A

如果安迪說了什麼你很不以為然的事，你說出你的不高興之後，安迪只是一笑置之，你不覺得跟針鋒相對比較起來，對你所說的話置之不理更糟糕嗎？如果你也覺得是的話，那就比較好解釋了。當我們忽視別人的感受時，就是不尊重那個人，也因此違反了人生準則三「尊重別人」。

尊重別人包括尊重別人的信仰，特別是如果這對那個人很重要，即使是朋友——特別是朋友——也應該互相尊重對方的感受，如果朋友因為你做了什麼事而覺得受到傷害，你就應該要認真看待這件事，並且道歉。

道歉時：

- 直接承認自己的錯誤，並負起責任。
- 先跟受到傷害的人道歉，那是最重要的。

- 要發自內心，不真誠的道歉跟沒道歉一樣。
- 「對不起」不應該只是用說的，真正重要的是，你必須想出辦法，避免再犯同樣的錯。
- 要記得，真心的道歉是代表你的人格是好的，而不是表示自己是弱者。每個人都可以怪別人或否認自己犯錯，甚至說謊掩蓋事實，只有嚴以律己的人會承認自己的錯誤，也只有這樣的人才值得別人尊敬。

道歉並不容易，但是道歉之後你會覺得好過一點，而且可以挽救你們的友誼，最重要的是，你表現出對別人的尊重，這是最大的收穫。

Q 她說了對不起，我就應該原諒她嗎？

我的朋友最近做了一件讓我非常生氣的事，事後她跟我道歉，但是我不確定要不要接受。事情是這樣：我最近剛戴了牙套，有些人因此嘲笑我，我已經告訴他們這沒有什麼好笑的，不要再這樣。其中有一個人是我的朋友麥蒂，至少我認為她是我的朋友，我不曉得她為什麼要一直笑我，我已經一再地告訴她我並不喜歡這樣，她昨天晚上打電話給我，跟我說對不起，她說只是想跟其他人打成一片，不想讓那些人認為她跟我是一國的。我知道我應該接受別人的道歉，但是麥蒂是故意嘲笑我的，而且我已經跟她說了很多次，她還是繼續這樣。

整件事讓我最受傷的不是那些嘲笑，而是我以為麥蒂是我的朋友。我應該接受她的道歉，然後告訴她，不想再跟她當朋友了嗎？

What Do You Think?

你會怎麼做？

- 麥蒂並不是你的朋友，朋友不會故意嘲笑你。
- 麥蒂也許是缺乏安全感，不曉得如何跟別人做朋友，但是，至少她是誠實的。
- 你應該用同樣的方式對麥蒂，讓她知道被嘲笑是什麼感覺，然後跟她說「現在我們扯平了。」這樣你會覺得比較舒服，雖然你們可能再也當不成朋友了。

A

無傷大雅地開個小玩笑是一回事，但在對方已經表明並不喜歡這樣時，仍繼續嘲笑作弄別人，這是違反了人生準則三「尊重別人」，以及人生準則五「要愛人」。

我們還是要鼓勵一下麥蒂，因為她有這個勇氣打電話跟你道歉，很多人可能會等到在學校遇到了，再用比較簡單的方式道歉（如果他們想過要道歉的話）。

但是，「**對不起**」只不過是三個字，要讓這三個字變得有意義，必須要付諸行動才能真正表達歉意。所以，你可以希望麥蒂不要再加入那些傷人的行列，你也可以問麥蒂，為什麼她一開始會想要加入那些人。好朋友應該在你需要的時候挺身而出，當其他人在嘲笑你時，如果麥蒂默不作聲就已經夠糟了，更何況她還跟著一起嘲笑你，真的很難讓人原諒。

我們希望每個人都喜歡自己，但是如果必須選擇的話，我們應該要選擇支持自己的朋友，即使這代表不是每個人都跟你同一國了。

想想看，如果你不接受她的道歉，對你的影響是什麼？不只是你們的友誼結束了，你可能還會因此怨恨她，這對你有什麼好處呢？這可能對你不原諒的人沒什麼影響，反正他（她）可能很快就會忘了這件事，繼續過他（她）的

生活，但是對你來說，卻是痛苦又難受的，這不是明智之舉。人生準則五要我們對別人還有自己仁慈和寬容，心懷怨恨對自己是很不好的，原諒讓我們放下怨恨，是對犯錯的人和自己寬容。

人生準則四要我們對人公平，如果有人真心地道歉，對別人公平（與寬容）就應該真心接受，並原諒對方，而且我們可以期望對方會盡最大的努力不再犯同樣的錯誤。所以，你應該寬容地接受麥蒂的道歉，並且告訴她，你期望身為朋友的她可以支持你，而不是跟著別人起哄，讓你難過。只有時間能夠證明麥蒂的道歉是不是真心的、是不是真的是你的好朋友。

當別人應該跟你道歉時

如果有人做錯了什麼事之後跟你道歉，你應該寬容地接受，但是：

- 你有權希望對方不再犯同樣的錯。
- 你可能需要視情況明確地告訴對方，如果再犯，後果是什麼。
- 如果道歉後，對方仍一而再、再而三地犯同樣的錯，很遺憾，無論他再如何道歉，你可能都必須跟他說：「我真的不能再給你機會了。」

Q

道歉會嫌多嗎？

我跟女友對於道歉這件事一直爭執不下。她認為只要我做錯事，就應該說「對不起」，但對我來說，認錯是懦弱的表現，因此，我不喜歡說對不起。相反的，我女友卻經常道歉。不小心撞到她，她說「抱歉」；在路上問路時，她會跟人說「抱歉，可以請你告訴我怎麼走嗎？」當她犯錯時，即使只是一個微不足道的小錯，她都會一再地道歉，在我看來，她這樣看起來很沒有自信。她認為做錯事或對別人造成不便時說抱歉，只是最基本的禮貌。誰是對的？

What Do You Think?

你會怎麼做？

- 道歉是好的，但也不要濫用。
- 一些太基本的事是不需要道歉的，順其自然比較好。
- 道歉在任何情況下都是對的。

A

道歉過與不及都不好。

人生準則三要我們尊重別人。真心地為我們所犯的錯道歉，是尊重別人。人生準則四「要公平」教我們把不對的事變對，犯錯傷害到別人是不對的事，道歉並且盡我們最大的努力不再犯同樣的錯，就是人生準則四的最佳實踐。

當然，只是說「對不起」並不能真的表現出你的歉意，還必須想辦法以後不再犯同樣的錯誤才行。雖然無法保證絕對不會再發生，但是可以讓對方感受到你真心的歉意，而且你會認真思考下次該怎麼做才對。

你說「認錯是懦弱的表現」，很多人的想法也都跟你一樣，如果你仔細觀察一個人是如何道歉的，你會發現那其實是勇氣的表現。承認自己的錯誤是勇敢，當你犯錯卻拒絕道歉，才是懦弱。

同樣的，道歉也有可能太過火，為了不是自己造成的錯誤而道歉，「**對不起**」就會變得沒有意義。你的女友說抱歉也許不是因為她犯了什麼錯，而是對於發生不好的事感到抱歉，在這種情況下，她的意思其實是「很抱歉你在走廊被絆倒後，我們兩個都跌了個四腳朝天。」我覺得她是很好心地表達她的同情，雖然應該說抱歉的是對方。即使真的是你女友的錯，說太多抱歉的效果可能等於沒說。

兩種嚴重程度不同的情況

8 如何當個盡責的工作者？

工作很難，這是無可避免的。也許一開始你沒有發現，
但是工作上很多的挑戰都跟道德有關。

Minimum Wage, Minimum Work?

Q

我真的很累，所以遲到沒有關係吧？

我剛開始我的第一份工作：放學後去送報紙。本來是希望可以賺一點零用錢，但是事實沒有我想像的那麼簡單。放學後，我通常會小睡一下，消除疲勞，但是開始工作後就沒辦法了，一回到家就必須開始折報紙，然後騎腳踏車去送報一個小時。

這份工作最糟的地方就是老闆一直找我麻煩，我只是晚了半小時去送報，他會說客戶打電話跟他抱怨，沒辦法在下班一回到家就看到報紙。我覺得老闆跟那些客戶都很不公平，竟然要求我一放學就開始工作，不給我任何休息的時間，老闆說如果我再不準時就要開除我。你提到的一個人生準則是「要公平」，為什麼別人都對我不公平呢？

What Do You Think?

你會怎麼做？

- 如果你不能達到工作的要求，就該被開除。
- 每天都遲到是不對的，但是老闆應該偶而對學生通融一下。
- 老闆應該要知道，現在學生的生活跟大人一樣，壓力都很大，大人下班後一定會想要先休息一下，學生也是一樣。

A

是的，別人應該要對你公平，只是，你不只一兩次遲到，對你的客戶和僱主公平嗎？

人生準則三「尊重別人」包括要說話算話。當你接受了一份工作，就代表你和公司雙方達成協議，你承諾在特定的時間去從事僱主要你做的事，僱主則承諾要付你薪水。如果有一天，你的老闆打電話給你，跟你說「很抱歉，我們沒辦法再繼續付你薪水了，但是，我們還是希望你繼續送報紙。」你不會認為他們沒有權利這樣要求你嗎？如果他們不遵守承諾，你們之間的協議就不成立了，你也沒有義務再繼續為他們工作。

從另一方面來看也是一樣的，當你決定要先休息一下，晚一點再去送報紙時，也違反了你跟僱主之間的協議。如果你經常遲到，僱主有權告訴你「你沒有做到答應我們的事，所以我們必須讓你走。」

人生準則四「要公平」要我們給別人應得的，如果你的僱主要你多送五十份報紙給新的客戶，你的薪水應該也要相對增加；如果僱主用人情要你免費多送這些報紙，那是不公平的。同樣的，你有義務準時將報紙送到客戶手中，滿足客戶對公司的要求。因為生病而沒辦法工作是一回事（但是你還是有義務要讓僱主知道，你那天沒辦法上班），選擇去做其他的事，結果遲

到，那又是另外一回事。

結束在學校忙碌的一天後，休息一下的確可以幫助消除疲勞，只是，凡事都要盡力才對得起自己，應該清醒並認真工作時就應該做到，情況允許時再休息。我們都應該對自己和對別人負責。根據你的描述，你似乎認為你在順從自己的需求（放學後休息一下），和順從別人的要求（準時送晚報）之間

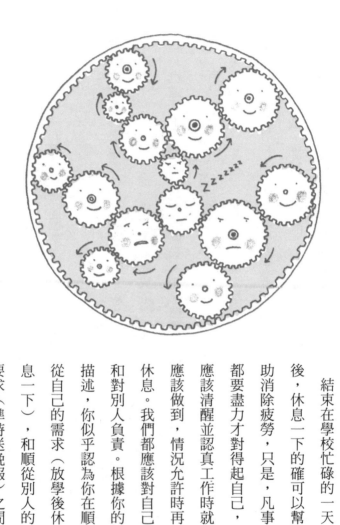

有衝突，也許有兩全其美的方法。

也許你可以只在週末送早報，送完後就可以休息；或者，你晚上可以早點睡覺，隔天放學後就不會那麼累，你也就可以準時去送晚報；又或者，你應該換一個可以兼顧的工作。

只要你選擇放學後工作，第一份工作遇到的問題還是會發生。沒錯，讓自己充份休息很重要，但是，遵守你對僱主及客戶的承諾也一樣重要。如果你兩者都能兼顧，便能展現出良好的品德，而任何公司都會很高興有你這樣的員工。

Q 打工時順便做點私事，有什麼關係？

前幾天晚上，我朋友黛西的父母不在，她在家照顧弟弟杰克，所以我就去跟她做伴。杰克在玩電玩，我們上網跟朋友聊天，然後我男友打手機給我，我就開始跟他聊天，黛西則繼續上網。

結果，她的父母比預期還早回到家，看到當時的情況對黛西還有我非常生氣。他們說黛西負責照顧小孩時不應該去做其他的事，而我則應該在黛西不注意時，幫忙照顧小孩。問題是，杰克又沒有發生什麼危險，而且我不懂，為什麼黛西和我必須無時無刻都看著她弟弟，我們就不能做點自己的事嗎？

What Do You Think?

你會怎麼做？

- 照顧別人的弟弟或妹妹不算是真正的工作，所以你不需要遵守那些規定。
- 兩個人一起照顧小孩時，當一個人在忙，另一個人應該要看著小孩，你們兩個可以輪流去做自己的事。
- 照顧小孩是一種責任，必須把注意力放在小孩身上，而不是做自己的事情。

A

當褓姆不是被動地坐在小孩周圍就好，而是要**主動地**確保小孩的安全，並讓小孩做些有意義的事。所以那些把小孩放在電視機、或電動玩具前幾個小時的褓姆跟父母都是不負責任的。照顧一個人不只是付出時間，還必須投入精神，也就是人生準則五「要愛人」。

黛西答應在父母外出時照顧弟弟，這是她對父母的承諾，而說話算話就是做到人生準則三「尊重別人」。這個看似簡單的問題，其實涵蓋了很多層面。

做點自己的事並沒有錯，人生準則四「要公平」指對自己還有別人公平，只是，有些情況下，我們必須照顧自己的需求，有些情況則是要照顧別人的需求。黛西當然可以上網跟朋友聊天，你也可以跟男友講電話，但不是在你被賦予照顧一個無法照顧自己的人的時候。

黛西父母的反應並沒有錯。

Q 真的很噁心，但是我應該說出來嗎？

我在一家速食餐廳上班，昨天經理做了一件真的很噁心的事，我發現她上完廁所後沒有洗手。我不敢說什麼，因為她可能會惱羞成怒開除我，我是真的很需要這份工作來存大學學費。昨天我們很忙，也許，她只是因為趕著回去工作就忘記了。你覺不覺得有時候最好不要出聲才能保護自己？

What Do You Think?

你會怎麼做？

- 千萬不要說老闆什麼，以免丟了工作，付不出學費。
- 如果這是唯一的一次，不說沒關係，如果再發生，我應該會說。
- 身為老闆還違反衛生規定是不對的，應該立刻檢舉她。

A

是的，有時候不說出來沒關係，但是你說的情況不適用。餐廳的員工不是只有點菜跟送菜，還應該要確保顧客吃了餐廳的東西不會生病。經理個人衛生習慣不好，可能會危害顧客的健康，這是你應該關心的。

不願跟上面的人反應是可以理解的，但是你至少可以跟副理或其他資深員工反應，再由那個人跟經理說。用這種方式處理是尊重他人，應該不會導致你被開除，因為經理的老闆一定也會認為這種行為是不對的。

想想看，如果你不採取行動，經理的個人衛生習慣是不是會繼續影響到工

菜單
口水沙拉
雙層起司
加臭汗漢堡
沒洗手的
手切薯條
起司蕃茄
細菌披薩
意外的雞塊
草莓加污垢聖代

作？說出來可以保護顧客。我們在先前作弊的例子中提過，當你發現別人做了不該做的事，雖然做錯事的並不是你，而難題卻落到你身上，你還是必須挺身而出。

人生準則一「不要傷害人」要我們主動避免別人受到傷害，這就是個很好的例子。

9

如何對同學、老闆和你不認識的人公平？

你可能已經知道這些黃金法則：「你希望別人怎麼對你，就怎麼對別人」，或是「愛你的鄰居跟愛你自己一樣」，這都是人生準則五「要愛人」。但究竟愛你的鄰居是什麼意思？又為什麼這麼重要呢？

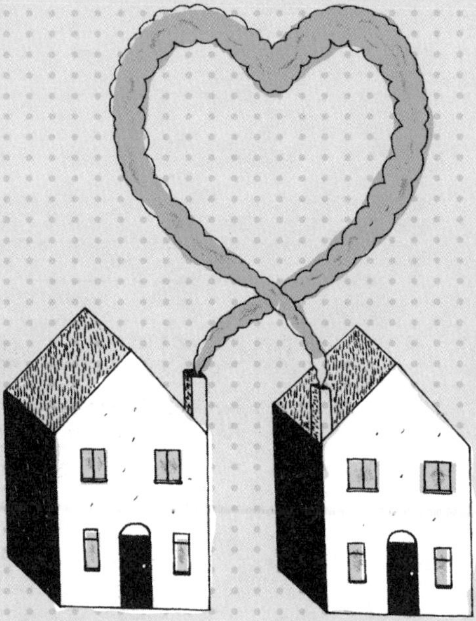

Being Fair To Classmates, Business Owners, And People You Hardly Know

Q 如果沒有人會懷疑，可以買兒童票進電影院嗎？

我看起來比實際年齡小，大部份的時候我都不喜歡這樣，除了看電影以外。通常，十二歲以下都可以買兒童票，即使是那些規定是十一歲的地方，也都沒有人懷疑我。如果是跟朋友一起去，這個方法就不管用，但是如果是跟我爸媽，都不會有問題。我爸爸說，他不能自己開口要買半票，因為那不誠實，但是，如果是售票員自己認為我還是兒童而給我兒童票，那就沒關係；我媽媽反對這樣做，因為這對我來說是壞榜樣。爸爸覺得這樣並沒有傷害任何人，況且我們並不是很有錢，多出來的錢剛好可以買爆米花跟零食，所以電影院還是賺到我們的錢了，你覺得呢？

What Do You Think?

你會怎麼做？

- 看起來還像十一、二歲的人看電影不需要買全票。
- 我覺得這是不對的，但我也不反對爸爸的說法。
- 雖然全票比較貴，我還是會請爸爸幫我買全票。

A

電影院出於好意給兒童和年長的人折扣，電影院有權決定以十一、十二或十三歲做為分界，這是很公平的規則，所以根據人生準則四，我們必須遵守。其實，電影院的規則不一定都是公平的，在一九六〇年之前的美國，很多電影院要求黑人必須坐在露台，有些甚至不准黑人進入，像這種不公平的規定，根本不需要遵守。但是，兒童票的規定並沒有錯，如果你爸爸不想幫你買全票，他可以選擇不要去看電影。

你的父親讓電影院相信你還是兒童，就好像是在跟你說，為了達到目的，可以不擇手段。這用在看電影以外的地方，問題就大了。例如，申請大學時，你知道學校不會檢查申請表中的每一項細節，那麼，即使你只是西班牙語社的社員，你可以說你是社長嗎？餐廳的服務員少算了一道菜的錢，你應該將錯就錯嗎？當你開始工作後，有些收入是現金，國稅局查不到，報所得稅時你是不是可以不要申報這部份？這三個問題的答案都是否定

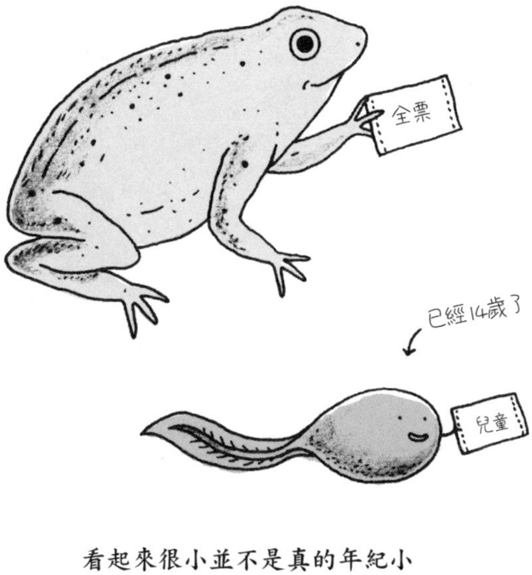

看起來很小並不是真的年紀小

的，騙人或不誠實都是不對的。

另外，「多出來」的錢花在跟電影院買爆米花，並不能彌補買電影票時不誠實的行為。做對的事情不像做算術，六減六可以等於零。錯就是錯，不公平就是不公平。騙人等於說謊，違反人生準則三「尊重別人」，說謊不只是冒犯別人，也是侮辱自己，因為受損的是自己的信用跟人格。

最終，你會發現，做對的事情比貪小便宜省幾塊錢來得有意義。

Q

你可以做的事，就代表你應該做嗎？

我發現一個得到新衣服的好方法：我在一家可以三十天無條件退貨的店買衣服，穿幾次後就退回去，還可以獲得全額退款，不需要付錢就可以試穿最新的衣服。我的朋友艾蜜莉認為這樣不對，但是我一點都不覺得，因為這個規則是那家店自己訂的，我覺得她是嫉妒我，因為她自己沒有那個膽量去做。反正，這家店是很大的連鎖店，對他們來講根本沒差。

What Do You Think?

你會怎麼做？

- 如果商店說沒有關係，那就沒有關係。
- 嚴格來說，這家店雖然允許你這樣做，但是我覺得好像不怎麼對。
- 大驚小怪，對於一家營業額幾千萬的店來說，就算沒辦法再把這些衣服賣出去，會怎麼樣嗎？

A

艾蜜莉是對的，你是在佔退貨規則的便宜，違反了人生準則四，給別人應得的。退貨規則的用意，是讓客戶不需要擔心買回去的衣服如果不合身又不能退，有哪家公司會允許你的行為？商店並不是慈善事業，如果每個人都跟你一樣，你覺得這家店可以撐多久？應該不會太久。適用別人的規則，是不是也應該適用在你身上呢？

買了一件衣服回家後發現真的不適合，然後拿回去退貨退款，這是一回事，在買衣服時就打算穿幾次後要拿回去退貨，又是另外一回事，這破壞了商店對你的信任，違反人生準則三「尊重別人」。

再來看看你說的「這家店是很大的連鎖店，對他們來講根本沒差」。商店的大小跟你的行為有什麼關係？當你到那些大型連鎖店，看到成排的化妝品，因為對他們來講沒差，你就可以偷一條唇膏嗎？當然不行，同樣的，買一件衣服時就蓄意要退貨是不對的行為，因為那件衣服可能就賣不出去了，有些店的政策是根本不再轉賣顧客退回的衣服，你會想要花同樣的錢買別人穿過的衣服嗎？

你可能聽過「商業道德」，通常是指商家如何對待顧客，有道德的商家訂價合理，提供令人滿意的客戶服務，不作不實的廣告。但是，商業道德不僅僅是商家如何對待顧客，也包括顧客如何對待商家。我們要求商家對我們公平，商家也有權要求我們對他們公平，這適用在賣各種東西的商店——衣服、相機、電玩、書等等。

另外，我不能同意你說艾蜜莉沒有膽量去做你做的事。佔商家的便宜並不是有勇氣，尤其是對有商業道德的公司。

這種情況讓我們想到一個重要的問題：你可以做某件事就代表你應該做嗎？答案很明顯，並不是。

Q 生病時還堅持去上學，真的就是好學生嗎？

上個禮拜，有一個同學得了重感冒，但他還是來上學，這真的很讓人不舒服，因為他一整天都在打噴嚏跟咳嗽，我不想被傳染，所以告訴他「生病的時候為什麼不留在家裡呢？」

他回答「這關你什麼事？」然後當著我的面一邊咳嗽一邊大笑！你不覺得我有權利這樣說嗎？我覺得生病了還來上學，然後傳染給大家，這樣是很不公平的。

What Do You Think?

你會怎麼做？

- 生病又不是自己可以控制的，不要接近他們就好了！
- 這個同學的確不對，但是別人沒有權利干涉他。
- 如果有人做了或說了不對的事，應該要有人告訴他，否則他永遠不會改。

A

你們兩個都可以想想，有沒有更好的方法來處理讓自己不愉快的事。你同學的反應讓人不悅，因為他可能會把感冒傳染給你；另一方面，你覺不覺得你的問題可能會刺激到他？

人生準則五要我們關心別人，你問的問題聽起來可能比較像是針對個人的批評，並沒有表達出你對你們兩個人的關心。你要保護自己不被傳染感冒很合理，如果你也能同時表達出對生病的人的關心，那就更好了。如果你的目的是要說服他生病時不要來上學，你可以說「感冒一定很難過吧？你會不會比較想留在家裡休息？我可以幫你做筆記，這樣你還是可以趕上功課。」如果生病的人是你，你也會比較能夠接受這樣的方式吧？

至於感冒還去上學會引起的問題，你說的沒錯，這是不對的，因為生病的人可能會透過直接或間接的接觸，把病菌傳染給別人。像是透過他摸過的門把、電腦鍵盤或筆，糖尿病、氣喘或高血壓不會因為接觸到病人就被傳染，但是感冒就有可能。（當然，並不是打噴嚏跟咳嗽的人就會傳染，因為那可能是過敏，或其他不會傳染給別人的原因所引起。）

人生準則四要我們對人公平，在這種情況下，就是生病時留在家裡，以免傳染給別人。如果不這樣做，對學校裡的人不公平，這可能增加學生、老師和所有職員生病的可能性，而且對生病的人來說也不好。

人生準則一要我們不要傷害人，生病去上學可能會傷害到別人。

人生準則五「要愛人」也適用於這種情況。雖然我已經提過了，但是這真的很重要：我們不只要善待別人，也要善待自己。感冒時還不辭辛勞地去上學並沒有善待自己，因為這樣可能讓感冒拖得更久，還不如留在家裡充份休息，喝大量的水，放鬆心情看看電視。

很多人不願意錯過任何一堂課，因為他們想要全勤，或很怕趕不上進度，覺得這樣會對不起老師，或者他們就是很喜歡上課。總是盡力做好每件事是很值得稱讚，只是，生病時還是必須先照顧好自己的身體。

得了會傳染的病時，留在家裡才對，這樣可以讓自己有充份的休息，早點好起來，也可以避免傳染給別人。

Q 做好事對我有什麼好處？

上個禮拜，我在從學校走回家的路上看到一個黑色皮夾，旁邊剛好都沒有人，我看了一下皮夾裡面，有信用卡、相片、駕照和五千塊。我想要把錢拿走，把皮夾留在原地，但是我知道我會有罪惡感，而且我爸媽也會問我錢從哪裡來的，所以，我把皮夾帶回家，並告訴爸媽我會找到失主。我媽說她很高興，因為我做了「好事」，我只是微笑，沒跟她說我原本的想法。

說真的，找到失主並不難，因為駕照上有他的姓名跟地址，他聽到我撿到皮夾時，鬆了好大一口氣，而且馬上過來拿，我以為他會給我一些獎金，感謝我撿到他的皮夾，而且還費工夫找到他，結果，他只是不斷地說「謝謝」，我一直在等他打開皮夾，拿出一千塊（或至少五百塊），結果都沒有。幾天後，我收到一張謝卡，說他有多感謝我，還有我真的是個好人。

你相信嗎？就算不是給我錢，他至少應該送我個禮物吧？如果不是我，他根本不可能找回皮夾，給我一些錢對他來講顯然沒有問題，他的皮夾裡有那麼多錢，而且，如果換成是別人，應該都是把錢拿走，然後把皮夾丟掉吧，甚至可能會盜刷他的信用卡。這整件事讓我再也不想做「好事」了。

What Do You Think?

你會怎麼做？

- 這個人真的很小氣，你撿到他的皮夾，竟然沒有給你任何獎金。
- 做好事本來就應該不求回報。
- 如果是我，我會在把皮夾還給他之前，直接問他「有什麼獎品嗎？」

A

把皮夾還給這位先生是應該的，如果你這麼做完全是因為想得到獎品，我可以想像你有多失望。

如果那個人在附近張貼「找到皮夾有獎金」的傳單，他就有義務要給你錢，因為那是他的承諾，人生準則三告訴我們，說話算話才是尊重別人。但是，因為他並沒有這樣承諾，所以他也沒有義務要給你任何東西；除了謝謝以外，你也沒有權利要求任何東西。做對的事情唯一的理由就是：這是應該的。如果伴隨著什麼好事而來，當然很好，但是覺得做對的事應該獲得獎品，這就是我們的不對了。

我們來想想，為什麼這位先生沒有給你錢或禮物。雖然他的皮夾裡有五千元，我們並不能因此就認定他很有錢。他可能是剛領到薪水，而且這可能是他一個禮拜的收入，或者，他可能正要去繳錢，如果他給你一些錢，他可能沒辦法負擔他自己和家人的需要。人生準則四要我們給別人應得的，當資源有限時，我們必須依照優先順序，先給最需要的人。如

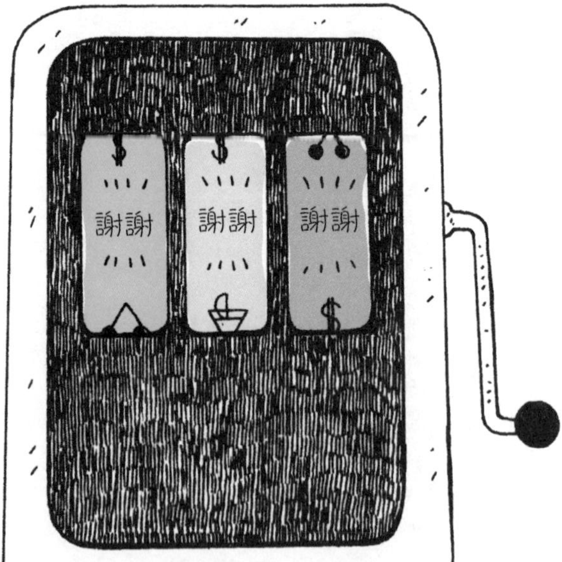

果他把要付帳單或給小孩買日用品的錢給了你，你會不會反而覺得很不好意思呢？儘管你做了件好事，你想要的獎金跟這個人的家庭（或個人，如果他是單身）的需求比起來，後者是比較重要的。

即使這個人真的很有錢，你還是沒有權利要求任何獎金，因為皮夾本來就是屬於他的個人財產，即使是丟掉後再找回來都還是他的，這裡唯一應有的權利，就是他的皮夾應該物歸原主。

當我們發現事情跟我們想像的不一樣時，通常會很沮喪，要避免這種不舒服的感覺，最好的方法就是一開始就了解到，這是「應該」的。如果我們先不談你的沮喪，能夠幫助他人還是一件很棒的事吧？你應該為你所做的感到高興才對。

做好事而感到高興就是最好的獎品，這種感覺絕對比你拿到錢，買了你覺得你應得的東西來得持久。

chapter

10

如何關心他人與在乎自己？

憤怒時該怎麼辦？失去親人時該如何自處？認錯會太遲嗎？完全不照顧自己跟只在乎自己都不好，這一章要來談談如何對待自己，這跟如何對待別人一樣重要。

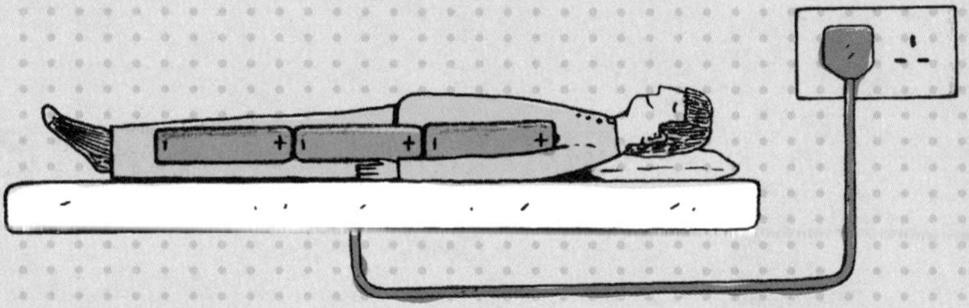

給自己時間充電

Working Too Hard, Dealing with Grief, and Listening to Your Conscience

Q 有努力過頭這種事嗎？

我希望能夠考上好的大學，所以非常努力念書，我做的每件事，都是為了達到這個目標。除了每天好幾個小時的自修，課餘還參加學會、學音樂、擔任義工，所以我每天都很累，飲食也很不正常，因為我沒有時間坐下來好好吃頓熱騰騰的飯，只能隨便抓個麵包草草了事。我也很想放鬆一點，但是我又很怕會進不了最好的大學。我的爸媽當學生時壓力也很大，但是聽起來好像沒有我現在這麼嚴重。我到底該怎麼做？

What Do You Think?

你會怎麼做？

- 沒有什麼事比進好大學更重要，你必須不計代價達成這個目標。
- 你還年輕，可以放輕鬆一點，等年紀大一點，挑戰才真正開始。
- 週末時可以放鬆一下，但是平日則不能鬆懈，一旦落後太多，後悔就來不及了。

A

你和同學面對大學聯考和未來都承受極大的壓力，你為了進入理想的大學如此努力，非常值得讚賞。

另一方面，你可能拼過頭了。因為太專注在自己的目標，吃不好、睡不好，甚至可能沒有時間運動，好讓你消除疲勞、鍛鍊身體。沒有好好善待自己，人生準則四告訴我們這是不對的，而且不但沒有幫助，反而可能弄巧成拙。因為努力過頭讓你無法維持在最佳狀態，這樣是沒辦法達成你訂的目標的。如果你累得連眼睛都睜不開，考試怎麼會考得好？肚子餓時，在課堂上怎麼會有好表現？只有好好照顧自己，才能幫助自己達成目標。

讓自己在身體和心理上都放鬆一下，偶而花點時間散散步、看看電視、睡個午覺，做做會讓自己開心的事，或者放空自己什麼都不做。不管做什麼，都要記得先照顧好自己，尤其是在壓力之下，更要記得人生準則五「要愛人」。想辦法讓自己獲得充份的休息，保持在最佳狀態，這是善待自己，也是達成目標的最佳策略。

Q

發生了生命中最令人難過的事，我要怎麼活下去？

幾個月前，我爸爸去世了，我難過的無法自己，有些跟我有同樣遭遇的人告訴我，這種悲傷永遠無法「平復」，但是時間可以幫助我們慢慢習慣。到現在，我還是會沒來由地哭，有時候很難為情（在課堂上，或看電影看到一半時）。人生準則可以幫助我度過失去親人的傷痛嗎？

What Do You Think?

你會怎麼做？

- 如果是我失去爸媽，我應該也是這樣。
- 哭沒有關係，但是不能在課堂上。
- 經常哭可能代表你需要一些幫助，來處理這麼大的事情。

A

不久前，我的父親也去世了，所以我對這個問題的感受特別深。我的專長是倫理學(Ethics)，不是心理學，但是我也根據人生準則整理出一些處理悲痛的方法，希望有幫助。

人生準則五「要愛人」要我們關心別人還有自己，對別人還有自己仁慈。即使你是一個交遊廣闊的人，現在是你應該優先考慮自己、照顧自己的時候。也許你想暫時獨處、不接電話、不跟你平常親近的人互動，這都沒有關係，你只需要委婉地告訴大家，你現在沒有心情，讓他們知道你很感謝他們

的關心，其他的事你就不需要擔心了。

另外，你也可以尋求輔導老師、心理醫生或宗教的協助，這沒什麼不好意思，因為沒有人可以獨自面對這種人生中最大的痛。跟一個關心你的專家長談，對你將是最大的幫助，這也就是人生準則五的愛自己。

失去父母（或任何親人及好友）的確無法真正平復，殘存在心中的悲傷代表我們對失去的人的想念，但是，你可以、也應該想辦法克服傷痛，繼續自己的人生。在失去親人後恢復平常的生活，聽起來好像違反了人生準則三「尊重別人」，但是事實上，這樣才是實踐這個人生準則，因為這正是你失去的親人所希望的，換作是你也是一樣。

你可能會跟我一樣，覺得身旁的朋友對你很冷淡、無情、不了解你的感受，或只是寄電子郵件慰問你，但是你其實比較希望他們打電話來，或親自來看你；你可能想要跟某個人談談你所經歷的一切，但是他不知道該怎麼處理。現在，是時候和善地回應這些用了不是你希望的方式安慰你的人，要記得人生準則五，尤其是對那些出於好意、無意傷你的人。

在這種時候，你的朋友的確應該先不考慮自己，優先照顧你的感受，同樣的，你身為他們的朋友，也應該要了解他們可能不知道你真正需要的是什麼，而不要只是期望別人能夠猜透你的心思。發揮你的同理心和仁慈，你做得到。

同時，這個殘酷的考驗也可以讓你了解，哪些是你真正的朋友，現在在你身邊支持你的人，不管經過多久，對你都會是最重要的人。

Q

認錯會太遲嗎？

上個週末，我幫同學的爸媽（史先生和史太太）除草，我必須很丟臉地承認，我從他們的零錢罐拿了一些錢。罐子裡有很多錢，我只拿了幾十塊，應該沒有人會發現。

可是，我整個禮拜都有罪惡感，我甚至不知道自己當初為什麼要拿那些錢，因為他們會付我打工的錢，我想，我一開始只是覺得應該不會有事，但是這件事在我心裡一直揮之不去，讓我沒辦法專心上課，甚至晚上都睡不好。這不是什麼大不了的事，我是說，我只不過是拿了幾十塊，問題是，如果我告訴爸媽，他們一定會要我把錢還回去，這樣的話，史先生再也不會要我幫他們打工了；如果我先去跟史先生坦白，他們也會打電話給我爸媽，那我的麻煩就大了。我真的不知道該怎麼辦，因為即使沒有人知道，我也一樣不好過。

到底該怎麼辦才能幫我脫離這個困境？事情發生已經一個禮拜，現在做什麼是不是都太晚了？

What Do You Think?

你會怎麼做？

- 把這件事忘了，以後不要再犯就好。
- 把這件事告訴你信得過的人，這樣你就不必再自己守著祕密。
- 告訴史先生史太太，並把錢還回去，然後自願免費幫他們除草，改過自新後，你又可以對得起自己的良心了。

A

要承認自己犯的錯誤需要勇氣。很多人遇到這種情況都會選擇忘了這件事，幫自己的錯誤找藉口合理化；有些人甚至一點都不會放在心上。你對於自己的行為有罪惡感是件好事，這代表你有良心。

如果你犯的真的不是什麼大錯，那你為什麼會有罪惡感？因為你心裡很清楚，拿別人的錢是不對的，不管是十塊或十萬塊，都是不對的。當然，如果真的是拿了十萬塊，你要擔心的不只是良心的譴責，還會被逮捕和判刑。

即使史先生跟史太太永遠都不會發現你做了什麼，偷竊還是偷竊，你的行為違反了人生準則三「尊重別人」，因為偷竊充份顯示了你不尊重別人的財產，同樣的人生準則也要我們誠實，在史先生史太太面前假裝什麼事都沒發生，是對他們說謊。另外，人生準則四「要公平」要我們把不對的事變對，你現在的情況就應該這麼做，這也同時做到了人生準則二「讓事情更好」。

除了道德上的責任，我們來看看還有沒有其他的可能。跟史先生史太太坦白、把錢還回去，並不代表他們就一定不會再要你幫他們打工，雖然很有可能（你能怪他們嗎？），但是，史先生史太太也很可能會欣賞你能夠認錯並改過的勇氣。

當然，你必須跟你的父母說發生了什麼事，以及你接下來要怎麼做，讓你的父母知道，你不僅可以辨別是非，而且勇於承認錯誤，並接受後果。

認錯永遠不會太晚，只要你願意這麼做，對所有人都好，包括你自己。對得起自己的良心，白天你就不需要擔心，晚上也才能高枕無憂。

卸下負擔需要勇氣

結論

沒被抓到也算作弊嗎？

你不會因為書名是「沒被抓到也算作弊嗎？」就期望我會在書裡告訴你答案吧？答案其實在你自己。

請你運用在這本書所學到的，加上你所有的人生經驗，來回答這個問題，跟你的朋友交換意見，跟父母討論。如果你有宗教信仰，可以請教神父、牧師或師父，但是最終，你必須自己決定答案是什麼，並且真心相信。這個問題牽涉到哪一條人生準則？如果你覺得沒有被抓到就不算作弊，那麼對你和其他人來說，如果你真的沒被抓到，可能的後果是什麼？例如，如果你考試抄別人的答案，或從網路上買報告都沒被抓到，那麼會有什麼後果呢？如果每個人的想法也都跟你一樣，這個世界會變成什麼樣？相反的，如果你認為不管有沒有被抓到，作弊就是作弊，當其他人說「反正每個人都在作弊」或「你是偽君子，我不相信你從來沒有作過弊」的時候，你該如何反應？

現在，你已經有了必要的工具和能力，可以解析像這本書的書名一樣的問題，要如何在日常生活中運用這些工具操之在你，也只有你才能決定這樣做是不是值得，而且，即使你知道該怎麼做才是對的，還需要很大的勇氣才能付諸行動，只有你可以拿出這樣的勇氣，沒有人可以幫你。

你將不斷地遭遇各種難題，我希望你現在覺得比較有信心面對未來，希望這五個人生準則就像汽車導航一樣，引導你在未來的旅程邁向美好的人生。

晚上如何睡好覺

每天晚上睡前問自己：

- 我今天有沒有避免造成傷害？
- 我今天有沒有讓什麼事更好？
- 我今天有沒有尊重別人？
- 我今天公平嗎？
- 我今天關心人嗎？

如果你的答案全是肯定的，你將一夜好眠，而且你應該為自己感到驕傲。
我就知道你做得到。
如果不是所有的答案都是肯定的，明天又是全新的一天，而且明天過了還有明天，永遠有機會！

我授權你可以影印這一頁放在床邊

致謝

感謝湯姆・布川普（Tom L. Beauchamp）和詹姆士・查瑞斯（James F. Childress）的巨著《*Principles of Biomedical Ethics*》，給了我用五個基本的準則來闡述道德的靈感。這本書由牛津大學出版社發行了很多不同的版本，含括了醫療和生化科學領域所面對的各種道德問題，布川普和查瑞斯提出了四個準則：無害（Nonmaleficence）、有益（Beneficence）、尊重個體（Respect for Autonomy）及正義（Justice）。如我在書中提到的，這些準則適用於所有人，所以我把這些準則修改成一般人都能了解的詞，無害變成了「不要造成傷害」，有益變成「讓事情更好」，尊重個體變成「尊重別人」，正義變成「要公平」，然後我又加了第五條「要愛人」，這相當於布川普和查瑞斯在他們的書中討論的照護的美德。馬汀路德博士、甘地和泰瑞莎修女，以及傑佛瑞・摩西斯（Jeffrey Moses）在《*Oneness*》（紐約巴蘭坦圖書，二〇〇二出版）中也提到相同的概念。全世界每一種偉大的宗教也都要我們愛人，簡而言之，這五個人生準則並不是我創造的，我只是將我從這些偉大、優秀的人所學到的精華整理成冊。

我還要感謝克麗斯汀・班克洛夫（Kristen Bancroft）、珍・克拉克（June Clark）、北尾薰博士（T.Kaori Kitao）、迪爾德・藍格蘭德（Deirdre Langeland）、派翠西亞・康奈爾（Patricia O'Connell）、彼得・羅賓（Peter Rubie）、Robert Timko博士以及勞倫・沃爾（Lauren Wohl），感謝他們在我寫這本書時給我的專業建議和支持。我要特別感謝戴博拉・布羅迪（Deborah Brodie）提出這個案子。感謝美國奧勒岡州波特蘭市基督會高中的同學，跟我分享他們覺得艱難的道德問題，我在這裡向他們、圖書館員和格雷戈里・倫老師（Gregory Lum）致上我最誠摯的謝意。

多年來，對於能夠遇到那麼多優秀的老師我一直覺得很幸福，其中有一位我必須特別在這裡提出，那就是蘭德・戴爾（Rand Dyer），我們家在一九七〇年從巴爾的摩搬到聖安東尼奧時，他是我五年級的老師，在那之前，說好聽一點，我是個不懂規矩的小孩，戴爾老師把我變成一個同時具備智慧、仁慈和紀律的小孩，到現在我依然清楚記得他對班上同學講的話：

「任何人給你毒品，你絕對、千萬不能拿，否則我一輩子都不會放過你，在你生命中的每一天，我都不會放過你。」

從字面上看起來像是恐嚇，但是在當時，我知道他是要告訴我們，他是真的關心我們，他希望能保護我們免於受到毒品的傷害，戴爾老師愛他的每一個學生，我希望自己也能像他在幾十年前幫助我和班上的同學一樣，能夠幫助現在的年輕人。

最後，還有兩位對我來說是全世界最重要的人，他們幫助我找到各種人生難題的答案——我最愛的父母——喬治和席拉（George and Sheila Weinstein），媽媽，我愛你，爸爸，我永遠想念你。

換你來問道德先生問題！

你有問題要問
道德先生（The Ethics Guy®）嗎？
請寄到 ask@theethicsguy.com
你的問題和他的回答
可能會出現在美國的報紙專欄、
雜誌或本書的續集

你也可以把你對
「沒被抓到也算作弊嗎？」的答案
寄到 essay@the thicsguy.com
或上 TheEthicsGuy.com

沒被抓到也算作弊嗎？
學校沒有教的33則品格練習題（五週年增訂新版）
Is It Still Cheating If I Don't Get Caught?

作　　者　布魯斯．韋恩斯坦 Bruce Weinstein, Ph.D.
插　　畫　哈瑞特．羅素 Harriet Russell
譯　　者　趙慧芬
封面設計　木子花
行銷企劃　駱漢琦
行銷統籌　陳慧敏、蕭浩仰
業務發行　邱紹溢
營運顧問　郭其彬
責任編輯　楊立儂
總 編 輯　李亞南
出　　版　漫遊者文化事業股份有限公司
地　　址　台北市松山區復興北路331號4樓
電　　話　(02) 2715-2022
傳　　真　(02) 2715-2021
服務信箱　service@azothbooks.com
網路書店　www.azothbooks.com
臉　　書　www.facebook.com/azothbooks.read
營運統籌　大雁文化事業股份有限公司
地　　址　台北市松山區復興北路333號11樓之4
劃撥帳號　50022001
戶　　名　漫遊者文化事業股份有限公司
二版一刷　2015年6月
二版13刷　2023年2月
定　　價　台幣280元

ISBN　978-986-5671-46-4

國家圖書館出版品預行編目 (CIP) 資料

沒被抓到也算作弊嗎? : 學校沒有教的33 則品格練習題 / 布魯斯. 韋恩斯坦(Bruce Weinstein) 著 ; 趙慧芬譯. -- 二版. -- 臺北市 : 漫遊者文化出版 : 大雁文化發行, 2015.06
228 面 ;15×21 公分
譯自 : Is it still cheating if I don't get caught?
ISBN 978-986-5671-46-4(平裝)
1. 修身 2. 生活指導 3. 青少年
192.12　　104008245

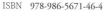